doculine square 4

Gestaltungsrichtlinien

Style Guides planen, erstellen und pflegen

Andreas Baumert

doculine Verlags-GmbH

Die Deutsche Bibliothek – CIP-Einheitsaufnahme

Baumert, Andreas:
Gestaltungsrichtlinien : style guides planen, erstellen und pflegen / Andreas Baumert. -
Reutlingen : Doculine-Verl.-GmbH, 1998
(Doculine Square ; 4)
ISBN 3-9805770-5-8

Redaktion: Petra Ntoufas
Typografie und Layout: Andreas Baumert, Hannover
Umschlaggestaltung: Jürgen G. Rothfuß, Neckarwestheim
Druck: Druckerei Carl Ziegler GmbH, Neckarbischofsheim

Inhaltsverzeichnis

Vorwort

Die meisten Unternehmen haben irgendeine Art von Gestaltungsrichtlinie. Manchmal paßt sie auf eine Seite, besteht vielleicht nur aus wenigen Sätzen:

> Unser Signet (Logo) steht immer oben rechts, 2 cm vom Rand. Die Hausfarbe ist rot, HKS 12. Als Schrift verwenden wir die Helvetica.

Andere können pfundschwere DIN A4-Ordner oder ordentlich gebundene Bücher im Vierfarbdruck vorzeigen. Wieder andere gehen mit der Zeit und benutzen das World Wide Web oder sogar echte Multimedia-Anwendungen.

Style Guide oder Gestaltungsrichtlinie

Immer sind es Sammlungen von Regeln, wie das Unternehmen seinen öffentlichen Auftritt gestaltet. Im Amerikanischen hat sich dafür ein Name durchgesetzt: Style Guide oder Corporate Style Guide. Im Deutschen verwenden wir meistens Kombinationen aus den Wörtern „Gestaltung“ und „Leitfaden“ bzw. „Richtlinie“: die Gestaltungsrichtlinie.

Großunternehmen

Großunternehmen können Dienstleister oder eigene Abteilungen und Fachleute damit beauftragen, diese Richtlinien zu entwickeln und zu pflegen. Sie wissen, daß man seinen Auftritt auf den internationalen Märkten genau planen muß und nichts dem Zufall überlassen darf.

KMU

Kleine und mittlere Unternehmen (KMU) bedienen oft zunächst einen nationalen Markt. Sie haben selten Zeit und Mittel, aufwendige Gestaltungsrichtlinien zu entwickeln. Der Geschäftsführer eines mittelständischen Maschinenbauers klagt:

„Es gelingt uns einfach nicht, einheitlich aufzutreten. Wie oft müssen wir das Rad neu erfinden, wenn wir mit einer neuen Bedienungsanleitung beginnen, eine neue Marketingbroschüre in Auftrag geben oder irgendein anderes Dokument erstellen. Wir wissen, wie wichtig das einheitliche Auftreten für uns wäre; wir ahnen, welche Kosten wir sparen könnten, wenn wir für unsere Dokumente eine vernünftige Gestaltungsgrundlage hätten. Aber wir haben derzeit nicht die Mittel, diese Aufgabe zu bewältigen."

Skeptiker überzeugen

Vor allem für solche Unternehmen ist dieses Buch geschrieben. Es gibt Ihnen Argumente an die Hand, mit denen Sie Skeptiker überzeugen können: Es ist sinnvoll, grundsätzlich über die Gestaltung von Dokumenten nachzudenken und Regeln dafür aufzustellen. Der Nutzen ist greifbar, und Sie können Kosten sparen.

Aufträge an Dienstleister

Nur wenige kleine und mittlere Unternehmen werden alle Aufgaben, die für eine Gestaltungsrichtlinie zu lösen sind, mit eigenen Mitteln bewältigen können. Die meisten werden Dienstleistungen hinzukaufen müssen und Aufträge an Grafiker und andere vergeben, beispielsweise für die Entwicklung eines Signets. Wer Anfragen und Aufträge an Dienstleister eindeutig formulieren will, wird in diesem Buch auch hierzu Unterstützung finden. Das Ziel ist, ein besseres und einheitliches Erscheinungsbild zu schaffen, so günstig wie möglich.

Technikredaktion und Gestaltungsrichtlinie

Die Erzeugnisse kennt jeder, den Namen Technikredaktion (oder technische Redaktion) werden einige Leser noch nie gehört haben. Technikredaktionen erstellen Betriebsanleitungen, Handbücher, Schulungsunterlagen, Tutorials, Kurzbeschreibungen, Wartungshandbücher und Installationsanleitungen. Ihre Dokumente werden auf Papier ausgeliefert, als Online-Dokumentation, kontextsensitive Hilfe, Computer Based Training, Multimediaprogramm usw.

Anforderungen an Technikdokumentation

Oft sind Technikredakteure in einem Unternehmen die ersten, die an Gestaltungsrichtlinien arbeiten. Ihr Interesse an solchen Richtlinien, Redaktionsleitfäden oder ähnlichen Regelwerken entsteht, weil sie Ziele erreichen müssen, die auf den ersten Blick unvereinbar scheinen. Man erwartet von ihnen, daß ihre Dokumente

- alle Gesetze, Normen und Richtlinien berücksichtigen, die für ein Produkt und seine Dokumentation gelten
- vom Leser leicht verstanden werden und dazu dienen, den Produktnutzen zu erzielen
- sich in den Marketing-Mix einordnen, zur Bindung des Kunden an den Hersteller beitragen
- in einem Team - oft auch an mehreren Orten gleichzeitig - entstehen
- zeitunabhängig und ohne Schwierigkeiten aktualisiert werden können
- nicht mehr Kosten verursachen, als nötig ist

Regeln und Standards für die Arbeit im Team

Diesen Anforderungen kann nur genügen, wer Regeln und Standards für die Arbeit im Team entwickelt. Wer sich darauf verläßt, daß bei jedem Handbuch, bei jeder Online-Dokumentation sich alles von selbst ergebe, wird mindestens gegen eine der Anforderungen verstoßen: Wenn seine Dokumentation tatsächlich von hoher Qualität ist und vom Kunden akzeptiert wird, dann wäre sie zu teuer. Ist sie nicht zu teuer, geht sie auf Kosten der Kundenzufriedenheit oder verstößt gegen Normen, Richtlinien oder gar Gesetze.

unternehmensweite Gestaltungsregeln

Eine Richtlinie, die nur in der Technikredaktion gilt, wäre aber zu wenig. Ob ein Dokument dort, in der Entwicklung, der Marketingabteilung oder dem Sekretariat geschrieben wird: Es sollte Gestaltungsregeln folgen, die für das ganze Unternehmen gelten. Und es soll die gleichen Designelemente aufweisen, die beispielsweise einen Messestand, eine Verpackung oder ein Firmenfahrzeug auszeichnen.

Projektmanagement integrieren

Gestaltung ist darüber hinaus nicht nur als eine Aufgabe der Typografie, des Layouts oder des Sprachgebrauchs zu sehen. Man faßt die Aufgaben solcher Richtlinien heute viel weiter und integriert Fragen des Projektmanagements: Einige Richtlinien beschreiben folgerichtig, wie ein Dokumentationsprojekt gestaltet wird.

Ideen und Anregungen

Dieses Buch ist keine Gebrauchsanleitung! Die Kulturen in den Unternehmen sind viel zu unterschiedlich für *eine* Anleitung, die allen gleichermaßen nutzen könnte. Ich habe die Erfahrungen von Autoren, die sich mit diesem Thema befassen, ausgewertet, habe sie miteinander verglichen und einigen Richtlinien gegenübergestellt, die in Unternehmen eingesetzt werden. Das Ergebnis ist in sieben Kapiteln zusammengefaßt, die jeden, der selbst eine neue Gestaltungsrichtlinie planen oder eine existierende pflegen wird, mit Ideen und Anregungen versorgen:

Nutzen und Kosten

- Kapitel 1 - Nutzen und Kosten: Um eine Richtlinie zu entwickeln, braucht man ein Budget, sie kostet Zeit und Geld. Also müssen die Gründe auf den Tisch, die dafür sprechen, in dieses Projekt zu investieren.

Projekt und Psychologie

- Kapitel 2 - Projekt und Psychologie: Die Richtlinie trägt zu einem einheitlichen Erscheinungsbild bei und soll die Position eines Unternehmens stärken. Sie soll nicht die Kreativität und den Einfallsreichtum der Mitarbeiter einschnüren und kann nur zu einem Erfolg werden, wenn sie von Unternehmensleitung und Mitarbeitern gemeinsam getragen und angewandt wird.

erste Version

- Kapitel 3 - Erste Version der Gestaltungsrichtlinie: Die Richtlinie wird kein Ringordner oder dergleichen sein. Sie ist eine Kollektion von Formblättern, Dateien, Ordnern usw. Sie enthält Normen und Richtlinien oder verweist darauf.

  Eine erste Version regelt vorrangig den Gebrauch von Farben, Schriften und Signet sowie das Layout von Dokumenten.

  Wer die Mitarbeiter bei der Anwendung der Richtlinie unterstützt und Wege findet, um Verbesserungsvorschläge und Kritik in neue Versionen einzuarbeiten, schafft die Voraussetzung dafür, daß die Richtlinie erfolgreich zu einem dauerhaften Bestandteil der Firmenkultur werden kann.

- Kapitel 4 und 5 - Sprache und Visualisierungen: Durch Wörter, Sätze und Bilder teilt sich ein Unternehmen dem Kunden mit. Die Richtlinie trägt dazu bei, daß beim Kunden der Eindruck entsteht, den man auch tatsächlich hervorrufen will.

  Sprache und Bilder müssen für internationale Märkte übersetzt werden. Die Richtlinie kann das berücksichtigen, sie trägt zur Kundenzufriedenheit auf internationalen Märkten bei und kann verhindern, daß die Kosten außer Kontrolle geraten.

Sprache und Visualisierungen

- Kapitel 6 - Dokumenttypen: Technikredaktionen verfassen viele unterschiedliche Dokumenttypen. Wenn es gelingt, diese Typen zu standardisieren, Struktur und Äußeres jedes Dokumenttyps zu definieren, senkt das die Kosten und steigert die Qualität.

Dokumenttypen

- Kapitel 7 - Projektmanagement: Ohne Regeln für das Projektmanagement kann die Technikredaktion auf Dauer keine Termine einhalten. Sie braucht solche Regeln auch, um das Haftungsrisiko zu senken: Transparenz in der Projektabwicklung dokumentiert, daß der Hersteller seiner Sorgfaltspflicht genügt.

Projektmanagement

Konventionen

Leserinnen und Leser

In diesem Buch wird die männliche Form in einem neutralen Sinn verwandt. Gemeint sind immer Frauen und Männer. Ich verzichte auf „-Innen“ oder „/-innen“, um den Text leichter lesbar zu halten. Die Leserinnen bitte ich um Verständnis für diese Vereinfachung im Text.

Einige Lesehilfen sollen Ihnen die Nutzung dieses Buches erleichtern:

wichtiger Hinweis

- Wichtige Hinweise und Tips sind mit dem Achtung-Zeichen in der Marginalienspalte gekennzeichnet.

Information

- Hinweise auf nützliche Informationsquellen oder Verweise auf weiterführende Kapitel in diesem Buch tragen das Info-Zeichen in der Marginalienspalte.

Literaturhinweis

- Wenn in der Marginalienspalte das Buch-Zeichen steht, erhalten Sie Tips zu nützlicher und interessanter Fachliteratur zum jeweils behandelten Thema.

Bei wörtlichen oder übertragenen Zitaten aus der im Literaturverzeichnis angegebenen Fachliteratur sind jeweils Autoren- bzw. Herausgebername und der Kurztitel angegeben; die vollständigen Titelangaben finden Sie im Literaturverzeichnis.

Quellen

Die eigenen Erfahrungen mit Gestaltungsrichtlinien während meiner Berufspraxis als Technikredakteur hätten nicht genug Material ergeben. Als zusätzliche Quellen konnte ich nutzen:

1. Richtlinien, die mir von Unternehmen zur Verfügung gestellt wurden.
2. Richtlinien, die im Internet stehen.
3. Richtlinien, die als Buch veröffentlicht wurden.
4. Aufsätze und Bücher über Gestaltungsrichtlinien, besonders die Beiträge in den Zeitschriften der Society for Technical Communication (STC).
5. Gespräche mit Kollegen und Freunden, die mir ihre Zeit geschenkt haben. Besonders danke ich Prof. Gerrit Fichtner, Alexander von Obert und Wolfram Pichler.

Ohne Materialien, die mir bereitwillig zur Verfügung gestellt wurden, hätte ich dieses Buch niemals schreiben können. Mein Dank gilt:

- Wolf-Rüdiger Grundmann (Volkswagen AG)
- Andreas Kirschstein (Hartmann & Braun GmbH & Co. KG.)
- Martin Mattusch (Schenck Process GmbH)
- Claus Noack (Siemens Nixdorf Informationssysteme AG) und
- Herbert Rebel (MAN Druckmaschinen AG)

Anderen bin ich besonders zu aufrichtigem Dank verpflichtet, ohne sie namentlich erwähnen zu dürfen. Sie ließen mich Unterlagen einsehen, baten aber um vertrauliche Behandlung. Ihre großzügige Hilfe war nicht selbstverständlich!

Ungereimtheiten und Fehler, die trotz des Engagements vieler noch im Buch enthalten sind, habe ich selbst beigesteuert.

Hannover, Oktober 1998
Andreas Baumert

1 Nutzen und Kosten

Eine Gestaltungsrichtlinie erfordert Planung, sie kostet Zeit und Geld. Dafür können Sie auch etwas verlangen.

1.1 Welchen Nutzen können Sie erwarten?

Eine unternehmensweite Gestaltungsrichtlinie

- senkt die Kosten
- stabilisiert und verbessert das Erscheinungsbild Ihres Unternehmens
- leistet einen Beitrag zum Management großer Entwicklungsprojekte
- unterstützt das Dokumentenmanagement
- bewahrt das Wissen über Gestaltungsfragen im Unternehmen - unabhängig von personeller Fluktuation
- dient als Trainingsinstrument für neue Mitarbeiter und
- ist ein Maß für die Qualität von Dokumenten

Kostensenkung

Zeitersparnis

Sie sparen Zeit und Geld bei der Gestaltung von Dokumenten, Präsentationen und allen anderen denkbaren Gegenständen und Ereignissen, mit denen sich Ihre Richtlinie beschäftigt. Wenn die Regeln für die Gestaltung erst einmal feststehen, geht vieles schneller.

In vielen Büros und Technikredaktionen wird immer wieder Zeit mit der Beantwortung der gleichen Fragen vergeudet: „Wie müssen die Hinweise für den Urheberrechtsschutz aussehen?“, „Wo verweise ich wie auf welche Warenzeichen, die ich in meiner Gebrauchsanleitung erwähnen muß?“ Die Gestaltungsrichtlinie enthält ein Kapitel, das diese Fragen beantwortet.

Arbeitszeit produktiv nutzen

Es wird auch weniger Zeit mit Diskussionen darüber verschwendet, welche Schrifttypen für welche Aufgabe besser geeignet seien usw. Und Sie werden weniger Zeit für die Korrektur von Formatierungsfehlern vergeuden.

Mit Fragen und Diskussionen zur Gestaltung wendet man sich an diejenigen Mitarbeiter, die am meisten von ihrem Fach verstehen. Sie werden von ihrer Arbeit losgerissen, führen irgendein Gespräch, das mit ihrer gegenwärtigen Aufgabe nichts zu tun hat, und müssen anschließend wieder in ihr Thema eintauchen. Bis die Stufe der Konzentration erreicht ist, auf der sie vor der Störung arbeiten konnten, vergeht viel Zeit. Die Richtlinie kann einen Beitrag dazu leisten, daß die besten Mitarbeiter ihre Arbeitszeit auch produktiv nutzen können. (Wer mehr darüber erfahren möchte, wie man die besten Mitarbeiter zur Untätigkeit verurteilen kann, lese DeMarco, Tom; Lister, Timothy: Wien wartet auf Dich! Der Faktor Mensch im DV-Management. München, Wien: Hanser, 1991.)

Übersetzung und Lokalisierung

Eine Gestaltungsrichtlinie kann zudem die Kosten für Übersetzungen und Lokalisierungen deutlich senken.

Qualität steigern und Beratungskosten senken

Und sie soll die Qualität der Produktdokumentation erheblich steigern. Weniger Kunden werden sich mit Rückfragen an die Anwenderberatung, die Hotline o.ä. wenden. Die Kosten im Bereich Anwenderberatung oder Kundenbetreuung sinken.

Das Erscheinungsbild des Unternehmens

Corporate Identity: wie wir uns selbst sehen

Corporate Design: unser Erscheinungsbild

Corporate Behaviour: unser Verhalten

Corporate Communication: wie wir kommunizieren

Corporate Image: wie uns die anderen sehen

Die Gestaltungsrichtlinie dokumentiert, wie ein Unternehmen auf dem Markt auftritt, wie es von der Öffentlichkeit, von Mitbewerbern, Partnern und Kunden gesehen werden will. Sie ist eine herausragende Komponente des Corporate Design und stärkt das Image des Unternehmens.

Durchgängige Gestaltung erleichtert dem Kunden den Umgang mit Dokumenten, spart dessen Zeit und Geld und ist damit ein Beitrag zur Kundenzufriedenheit.

Beitrag zu einem erfolgreichen Projektmanagement

Anhaltspunkte für Zeitplanung

Für Projektmanager ist die Gestaltungsrichtlinie eine wertvolle Hilfe. Sie informiert über die Erfordernisse bestimmter Dokumentationstypen und gibt erste Anhaltspunkte für die Zeitplanung, für Informationsbeschaffung, Korrekturläufe und Weiterverarbeitung im grafischen Gewerbe.

Die Richtlinie kann für das Projektmanagement ein Regelwerk werden, das den gesamten Dokumentationsprozeß unauffällig und wirksam in den Projektablauf integriert, vom ersten Meeting bis zur Archivierung der fertigen Dokumente.

Integration in das Dokumenten-Management

transparente Datenverwaltung

In Technikredaktionen müssen Tausende von Dateien mit Grafiken, Texten, Dokumenten und Dokumentversionen sicher verwaltet werden. Benötigt wird ein transparentes System für die Archivierung dieser Daten. Ohne schriftlich festgelegte Vereinbarungen über die Verwendung von Datenträgern und Verzeichnisbäumen sowie zur Namensvergabe droht das völlige Chaos.

Unabhängigkeit von personeller Fluktuation

Kontinuität sichern

Oft sind es nur wenige, die sich für Fragen der Gestaltung interessieren und auch die nötigen Kenntnisse mitbringen oder sich aneignen. Sie wissen, worauf es ankommt und beherrschen die Software und andere Techniken.

Wenn solche Mitarbeiter das Unternehmen verlassen, wird es oft schwer werden, die Kontinuität des Erscheinungsbildes zu wahren. Eine Gestaltungsrichtlinie ist das geeignete Instrument, den Auftritt des Unternehmens am Markt unabhängig von der Personalentwicklung zu sichern.

Trainingswerkzeug

Nachschlagewerk für neue Mitarbeiter

Neue Mitarbeiter, Auszubildende, Kollegen aus anderen Abteilungen werden für ein Projekt kurzfristig in eine andere Umgebung versetzt: Jemand muß sie in die Gestaltung von Arbeitsabläufen und von Dokumenten einarbeiten.

Selbstverständlich kann keine Richtlinie allein diese Aufgabe bewältigen. Sie kann aber als Nachschlagewerk dienen und schon damit viele Rückfragen überflüssig machen. Sie kann in Begrifflichkeiten einführen und Arbeitsabläufe, die manchmal nur für Eingeweihte transparent sind, offenlegen.

Maß für die Qualitätsbewertung

Arbeitsergebnisse bewerten

Indem die Richtlinie bestimmt, wie Aufgaben zu erledigen sind, gibt sie auch Auskunft über Qualitätseigenschaften der Arbeitsergebnisse: Sie kann als *ein* (nicht: das) Maß für die Bewertung der Qualität genutzt werden.

Wenn Sie einen Auftrag an einen externen Dienstleister vergeben müssen, kann eine umfangreiche Gestaltungsrichtlinie Ihre Bewertung des Arbeitsergebnisses erleichtern. Eine Übersetzung muß sich beispielsweise an die terminologischen Vorgaben halten. Das reduziert die Kosten für Korrekturen.

1.2 Mit welchen Kosten müssen Sie rechnen?

Kostenfaktoren

Wie teuer Ihre Gestaltungsrichtlinie wird, hängt im wesentlichen davon ab,

- welche Vorarbeiten schon geleistet sind
- wie umfangreich die Richtlinie werden soll und
- wie anspruchsvoll sie gestaltet ist

Personal

Kosten entstehen, weil Mitarbeiter für dieses Projekt abgestellt werden müssen und wenigstens zeitweise für andere Aufgaben nicht zur Verfügung stehen.

Schriften beschaffen

Rechnen Sie aber auch mit zusätzlichen Ausgaben: Wenn Sie sich beispielsweise entscheiden, Ihr Unternehmen vorrangig durch eine bestimmte Schriftfamilie zu repräsentieren, dann müssen diese Schriften auch angeschafft und auf den Rechnern der Mitarbeiter installiert werden.

Gleich den großen Wurf wagen ...

Sie werden Druckaufträge erteilen und neue Ordner bestellen. Wenn Sie schon zu Beginn den großen Wurf wagen, können die Konsequenzen der Gestaltungsrichtlinie sehr teuer werden: Von der Visitenkarte bis zur Fahrzeugbeschriftung und zum Messestand muß alles neu geregelt werden.

... oder mit kleinen Schritten beginnen?

Kleine und mittlere Unternehmen werden deswegen eher überschaubare Projekte bevorzugen und mit kleinen Schritten beginnen. Die Erfolge sind leichter zu kontrollieren, und die Kosten werden nicht so schnell aus dem Ruder laufen.

projekt- und unternehmensabhängig

Der Zeitaufwand und die Kosten werden also für jedes Projekt und jedes Unternehmen anders sein: Mir liegen Berichte über Gestaltungsrichtlinien vor, die in einem mehrjährigen Prozeß entstanden sind; andere lösten eine ähnliche Aufgabe in wenigen Monaten. Für eine Richtlinie, die als Multimedia-Anwendung ausgeliefert wird, mußten Fotografen, Schauspieler, Videoexperten, Programmierer und andere zusammenarbeiten. Ein weiteres Exemplar zeigt auf fast jeder Seite Grafiken in Vierfarbdruck. Wieder eine andere Richtlinie legt auf zwanzig Seiten in Schreibmaschinenschrift die Grundlagen für die Dokumentengestaltung eines mittelständischen Unternehmens fest.

Honorarempfehlungen für Grafik-Design

Kleine und mittlere Unternehmen werden viele Aufgaben selbst lösen, um Kosten zu sparen. Gelegentlich wird es aber günstiger sein, einen Grafiker zu beauftragen. Eine Entscheidungshilfe bieten die unverbindlichen Honorarempfehlungen, die beim Bund Deutscher Grafik-Designer angefordert werden können:

Bund Deutscher Grafik-Designer e.V. (BDG)
Flurstraße 30
22549 Hamburg
Telefon (040) 83 29 30 43
Telefax (040) 83 29 30 42
E-Mail bdg@grafikdesign.com
Internet http://www.grafikdesign.com/bdg/index.htm

Multimedia- und Online-Honorare

Der andere Bereich, in dem Entscheidungshilfen für die Auftragsvergabe an Dienstleister benötigt werden, ist die Multimediaproduktion. Als Anhaltspunkt empfehle ich den „Honorarleitfaden Multimedia- und Online-Honorare" von:

Hightext Verlag
Wilhelm-Riehl-Straße 13
80687 München
Telefon (089) 57 83 87 0
Telefax (089) 57 83 87 99
E-Mail info@hightext.de
Internet http://www.hightext.de

Dieser Leitfaden enthält Honorardaten für Präsentationen, Konzeption/Drehbuch/Projektmanagement, Video, Audio, Kompression für Audio und Video, Grafik/Animation, Text/Daten, Programmierung, Terminalproduktion, Mietpreise, Service und Internet-Administration.

2 Projekt und Psychologie

Über viele Projekte, die nie zu einem erfolgreichen Ende kommen, spricht man nicht. Man läßt sie stillschweigend auslaufen oder gibt einfach nur vor, daß sie erfolgreich abgeschlossen wären.

Winfried Glaap, ein Experte für Qualitätssicherung, nimmt an, daß nur 10 bis 20 % aller Projekte im Bereich Total Quality Management (TQM) das Ziel erreichen. Der Rest ist irgendwie im Sande verlaufen. (Nachzulesen in Glaap, Winfried: TQM in der Praxis leichtgemacht. Hilfen und Hinweise für die Einführung von QM-Systemen. München, Wien: Hanser, 1995, S. 49.)

kein Selbstläufer

Auch eine Gestaltungsrichtlinie ist zunächst ein Projekt, das kein Selbstläufer wird. Es kann schon während der Entwicklung scheitern, wenn Planung, Durchführung und Ergebniskontrolle vernachlässigt werden.

War das Projekt erfolgreich, muß sich die Richtlinie dann erst einmal bewähren, bevor man auf ihr aufbauen und sie weiterentwickeln kann.

4 Voraussetzungen zum Erfolg

Vier Voraussetzungen müssen erfüllt sein, damit das Projektziel erreicht wird:

1. Die Unternehmensleitung fördert das Projekt.
2. Die Ziele müssen realistisch sein.
3. Die Mitarbeiter müssen das Projekt unterstützen.
4. Die Richtlinie muß den Alltagsanforderungen entsprechen.

2.1 Die Unternehmensleitung fördert das Projekt

Wer in der Unternehmensleitung etwas zu Fragen der Gestaltung zu sagen hat, muß rechtzeitig beteiligt werden!

Die Gestaltungsrichtlinie bestimmt, wie das Unternehmen gegenüber der Öffentlichkeit, den Kunden, Lieferanten und allen denkbaren Partnern auftritt. Sie bestimmt das Erscheinungsbild des Unternehmens. Deswegen ist die erste Voraussetzung für einen Erfolg, daß die Unternehmensleitung hinter dem Projekt steht.

Großunternehmen

Großunternehmen haben die Zuständigkeiten so weit aufgeteilt, daß der Verantwortliche für Finanzen es sich verbitten würde, mit Fragen zur Gestaltung von Druckschriften belästigt zu werden. Die Lösung solcher Aufgaben ist in der hierarchischen Struktur des Unternehmens einer oder mehreren Stellen eindeutig zugewiesen, beispielsweise Marketing und Public Relations. Üblicherweise wird die Unterstützung dessen ausreichen, der in der Unternehmensleitung für diesen Bereich zuständig ist.

KMU

In kleinen und mittleren Unternehmen können die Voraussetzungen ähnlich sein. Dann wird die Zusammenarbeit mit der Unternehmensleitung für diejenigen, die eine Gestaltungsrichtlinie entwickeln, weniger problematisch.

GmbH

Es kann aber auch kompliziert werden, beispielsweise in einer GmbH, in der mehrere Gesellschafter verschiedene Bereiche des Unternehmens leiten. Auch in diesem Fall wäre wahrscheinlich einer der Gesellschafter für das Marketing und den öffentlichen Auftritt zuständig. Die anderen wollen aber eventuell beteiligt werden, wenn Entscheidungen solcher Tragweite anstehen. Schließlich ist es auch ihr Unternehmen, dessen öffentliche Präsentation auf unbestimmte Zeit festgelegt werden soll.

Wer die Verantwortung für eine Gestaltungsrichtlinie übernimmt, braucht in solchen Unternehmen eben die Unterstützung aller in der Leitung, die sich dafür zuständig erklären könnten. Sonst ist der Erfolg des Projektes vom ersten Tag an gefährdet.

2.2 Die Ziele müssen realistisch sein

Eine Gestaltungsrichtlinie ist nie endgültig!

Eine Gestaltungsrichtlinie wird nie endgültig sein. Neue Techniken werden neue Lösungen verlangen. Vor wenigen Jahren hätte es niemand für nötig gehalten, in die Gestaltungsrichtlinie ein Kapitel über Präsentationen im Internet oder ein anderes über die Grundlagen der Gestaltung von Multimedia-Produkten aufzunehmen. Das hat sich gründlich geändert.

an neue Anforderungen anpassen

Gehen Sie davon aus, daß diese Arbeit niemals abgeschlossen sein wird. Immer wird irgend etwas in der Richtlinie fehlen oder ergänzt werden müssen. Manches kann ad hoc im Sinne der Richtlinie entschieden werden, man muß es nicht extra aufschreiben. Manches verlangt, daß Kapitel oder Absätze umgeschrieben, andere hinzugefügt werden. Eine gute Gestaltungsrichtlinie lebt, sie paßt sich neuen Anforderungen an, gleich welcher Art sie sind: technisch, organisatorisch oder durch den Markt vorgegeben.

Ressourcen und Investitionen

Überprüfen Sie, wie aufwendig es werden wird, in der Kultur Ihres Unternehmens eine Richtlinie umzusetzen. Berücksichtigen Sie, welche Ressourcen Ihnen zur Verfügung stehen. Bedenken Sie, welche Investitionen Voraussetzung für den Erfolg sind: neue Briefbögen, Visitenkarten, vielleicht neue Schriften auf den Rechnern, gegebenenfalls eine Einarbeitung von Mitarbeitern usw.

genügend Zeit einplanen

Setzen Sie sich realistische Ziele! Die Gestaltungsrichtlinie ist ein ganz normales Projekt, sie wird nach Regeln des Projektmanagements entwickelt. Es gibt ein Projektteam, das die nötigen Informationen aus den Abteilungen beschafft, sichtet, ordnet und bewertet. Eigene Entwürfe und Entwicklungen brauchen Zeit, werden oft neben den alltäglichen Aufgaben zu erledigen sein. Aufträge müssen an externe Dienstleister vergeben werden. Und es gibt eine Deadline, einen Tag, an dem die Richtlinie in Kraft gesetzt wird. Kurz: Das Projektteam kann erheblich unter Zeitdruck geraten.

Das Erfolgsrezept: „Klein anfangen!"

Machen Sie aus der Not eine Tugend: Da die Richtlinie ohnehin niemals vollständig und fertig werden wird, begnügen Sie sich mit Zielen, die in einem überschaubaren Zeitraum, beispielsweise innerhalb von sechs Monaten, auch tatsächlich zu erreichen sind. Wenn dann einige Erfahrungen mit der Richtlinie vorliegen, können Sie Folgeprojekte in Angriff nehmen.

2.3 Die Mitarbeiter müssen das Projekt unterstützen

Großunternehmen

Wenn ein weltweit tätiges Großunternehmen eine Gestaltungsrichtlinie herausgibt, werden die Mitarbeiter den darin festgelegten Regeln folgen. Diese Übereinstimmung läßt sich verhältnismäßig leicht erwirken.

KMU

Sollten Sie jedoch beabsichtigen, Richtlinien für ein kleines oder mittleres Unternehmen zu entwickeln, werden Sie unter Umständen mit Schwierigkeiten kämpfen müssen. Ihre Richtlinie bedeutet Veränderungen und verursacht möglicherweise Unbehagen, vielleicht sogar Abwehr.

Gehen Sie davon aus, daß einige Mitarbeiter nicht von der Idee begeistert sind: „Fordert die Geschäftsleitung verändertes Denken und Handeln, widerspricht dies häufig der gewachsenen Unternehmenskultur - ein Konflikt ist die Folge." (Herbst: Corporate Identity, S. 27)

Widerständen und Konflikten gegensteuern

Es wird vielleicht auch in Ihrem Unternehmen versteckten oder offenen Widerstand geben. Wenn Sie sich darüber im klaren sind, können Sie rechtzeitig gegensteuern, überzeugen, Ängste ausräumen, Unbehagen beseitigen und die Mitarbeiter, auf deren Engagement Sie letztlich angewiesen sind, für Ihr Vorhaben gewinnen.

Widerstand wird vor allem durch Furcht genährt, der Furcht vor

- mangelnder Flexibilität und
- neuen Entwicklungen im Betrieb

Furcht vor mangelnder Flexibilität

Befürchtungen

Schon Wörter wie „Anweisung", „Richtlinie" oder ähnliche könnten die schlimmsten Befürchtungen wecken: Werde ich jetzt ständig nachsehen müssen? Kann ich noch eigene Ideen für die Gestaltung von Dokumenten nutzen? Muß einem wirklich alles vorgeschrieben werden? Woran kann man noch erkennen, daß ich meinen Job gut mache, wenn Anpassung und Konformität doch jetzt alles gleichschalten werden?

Diese Befürchtungen sind gelegentlich begründet. Es gibt Überregulierungen, Bevormundungen, mangelnde Anerkennung kreativer Leistungen und bürokratische Exzesse.

Gegenmaßnahmen

Mögliche Gegenmaßnahmen sind:

- nicht überregulieren
- Freiräume lassen
- Mitarbeiter so früh wie möglich beteiligen
- Kritik berücksichtigen
- Mängel der Richtlinie beseitigen und
- Revisionszeiträume einrichten

Freiräume lassen

Wenn Ihre Gestaltungsrichtlinie die Mitarbeiter so früh wie möglich beteiligt, werden Sie beispielsweise feststellen, daß Entwicklungsingenieure, Programmierer oder andere eigene Kommunikationsregeln entwickelt haben, die nur für sie gelten und keinesfalls auf das ganze Unternehmen übertragen werden können. Wenn die Kommunikation mit Kunden dadurch nicht beeinträchtigt wird, besteht kein Grund, diese Regeln durch neue zu ersetzen: Lassen Sie Freiräume!

Kritik und Änderungsvorschläge berücksichtigen!

Legen Sie Revisionszeiträume fest, setzen Sie beispielsweise einen jährlichen Termin an, zu dem eine Überarbeitung der Richtlinie herausgegeben wird. Geben Sie an, wie Mitarbeiter Änderungswünsche oder auch nur Mißbilligung (gegebenenfalls anonym) mitteilen können.

Furcht vor neuen Entwicklungen im Betrieb

Business Process Reengineering

In vielen Unternehmen geht die Furcht vor einer Rationalisierung der Büroarbeit um. Business Process Reengineering, die Neugestaltung von Strukturen und Arbeitsabläufen, wird in vielen Unternehmen weniger als Chance denn als Bedrohung empfunden: Welche Konsequenzen hat das für mich? Wird meine Qualifikation, beispielsweise im Gestalten von Dokumenten, an Wert einbüßen? Ist das nur einer von vielen Schritten, die mich irgendwann überflüssig machen?

vollständige Offenheit

Gegen diese Furcht hilft nur die vollständige Offenheit! Die Richtlinie ist jedem im Unternehmen zugänglich. Jeder kann sie kritisieren, wer will anonym. Wir nehmen Kritik ernst, wir geben sie bekannt und antworten darauf.

Sinn darlegen

Stellen Sie den Sinn der Richtlinie heraus: Sie ist Teil unseres Corporate Design, sie stärkt unsere Position auf dem Markt. Sie richtet sich nicht etwa gegen die Mitarbeiter, sondern sie kann die an sie gestellten Erwartungen nur zufriedenstellen, wenn sie von den Mitarbeitern getragen wird.

Eine negative Argumentation ist mitunter gefährlich und wird deswegen nicht gerne offensiv vertreten. Die Entwickler einer Gestaltungsrichtlinie haben aber auch so ein negatives Argument, das sie bei Bedarf erwähnen könnten: Ein Unternehmen, das darauf verzichtet, seine einzigartige Identität auf dem Markt deutlich zu vertreten, schwächt seine Position. Dieses Versäumnis könnte Arbeitsplätze gefährden.

2.4 Die Richtlinie muß den Alltagsanforderungen entsprechen

ohne lange Einarbeitung nutzbar

Die beste Gestaltungsrichtlinie fällt kaum bei der Arbeit auf. Sie ist zum Beispiel für den Bereich der Textverarbeitung im Sekretariat kein Buch, das man oft in die Hand nehmen muß. Sie besteht in erster Linie aus einer Sammlung von Druckformatvorlagen, Makros o. ä., die sich in die Arbeitsumgebung integrieren und nach kürzester Einarbeitung problemlos nutzen lassen.

Hilfsmittel zur Verfügung stellen!

Berücksichtigen Sie die Arbeitsabläufe schon bei der Planung der Richtlinie. Schreiben Sie beispielsweise nicht nur auf, wie ein Angebot aussehen muß, das Ihr Unternehmen verschickt. Installieren Sie auch Dokumentvorlagen, Textbausteine und alles, was der Mitarbeiter benötigt, um das Angebot wie auf Knopfdruck konform zu der neuen Richtlinie zu gestalten.

leicht verfügbar

Die Richtlinie muß leicht verfügbar sein. Der umfangreiche Ordner im Schrank nutzt manchmal weniger als eine kleine Online-Hilfe, eine PDF-Datei oder andere elektronische Hilfsmittel, die man schnell am Computer aufrufen kann.

Voraussetzungen und Einschränkungen berücksichtigen

Sie muß den Arbeitsalltag der Anwender berücksichtigen und darf nicht zu einem Hindernis werden, weil Voraussetzungen oder Einschränkungen nicht erkannt wurden, wie der Bericht eines Technikredakteurs in einem amerikanischen Unternehmen zeigt:

Bericht eines Technikredakteurs

„Als uns in einem US-Unternehmen seinerzeit ein Style Guide angekündigt wurde, freuten wir uns zunächst. Endlich würden wir allen Dokumentationen weltweit ein einheitliches Aussehen geben, das auch zu den anderen Dokumenten unserer amerikanischen Mutter paßte.

Wie groß war dann die Enttäuschung, als wir merkten, daß die amerikanischen Autoren des Style Guides die Besonderheiten des europäischen Marktes nicht berücksichtigt hatten! Die Formate stimmten nicht, das Maßsystem rechnete in Inch, nicht in Millimetern. Der Style Guide kannte viele Dokumenttypen nicht, die wir zu unseren Kunden schickten. Schlimmer noch: Uns wurden Schriften, Farben, Raster und andere Gestaltungselemente empfohlen, die wir nur hätten anwenden können, wenn wir zuvor das Budget kräftig aufgestockt hätten.

Wir versuchten umzurechnen und abzuändern, jede Abteilung schuf für sich einen eigenen kleinen Style Guide als Ergänzung. Schließlich sagten immer mehr Kollegen: ‚Für diesen Unsinn habe ich wirklich keine Zeit!‘

Damit war ein guter Ansatz gestorben oder wenigstens für lange Zeit auf Eis gelegt.“

3 Erste Version der Gestaltungsrichtlinie

In jedem Dokument, an jedem Lieferfahrzeug und Messestand - kurz: bei jedem öffentlichen Auftritt, egal welcher Art, soll ein Unternehmen eindeutig erkannt werden.

Grundlagen bestimmen

Dieses Ziel wird kurzfristig vielleicht nicht zu erreichen sein. Lassen Sie sich dadurch nicht beirren! Die erste Version einer Gestaltungsrichtlinie kann noch sehr kurz sein, sie bestimmt zunächst die Grundlagen der Gestaltung: Sie muß den Gebrauch des Firmensignets, der Hausschriften, der Hausfarben und ausgewählter Dokumenttypen regeln. Außerdem sollte sie erste Festlegungen für den Sprachgebrauch enthalten.

3.1 Wie sieht sie aus?

Welche Aufgabe?

Das Aussehen Ihrer Gestaltungsrichtlinie hängt davon ab, welche Aufgabe dieses Dokuments Sie in den Vordergrund stellen, die

- repräsentative oder
- funktionale

repräsentativ

Wenn Sie die repräsentative Aufgabe in den Vordergrund stellen, lassen Sie eventuell ein Buch im Farbdruck herstellen und buchbinderisch anspruchsvoll verarbeiten, vielleicht lassen Sie auch ein Multimediaprogramm entwickeln.

Diese Investitionen können sinnvoll sein, wenn die Gestaltungsrichtlinie beispielsweise an Zulieferer ausgehändigt werden soll. Durch die aufwendige Verarbeitung dokumentieren Sie, daß Sie das Corporate Design Ihres Hauses ernst nehmen und dem Zulieferer und Partner abverlangen, daß er sich dieser Haltung anschließt.

funktional

Die funktionale Variante widerspricht der repräsentativen nicht, sondern ergänzt sie. Für den Alltagsgebrauch muß sich die Richtlinie vor allem unauffällig und wirksam in die Vorgangsbearbeitung integrieren lassen.

Diese Integration werden Sie am besten erreichen, wenn Ihre Richtlinie nicht nur beschreibt oder auflistet, wie ein Dokument oder ein Vorgang gestaltet werden muß. Sie muß auch Hilfsmittel zur Verfügung stellen, um einen Erfolg in ihrem Sinn zu erzielen. Eine gute Richtlinie schließt für alle Dokumenttypen Dateien als Vorlage ein, ebenso für das Signet und andere wiederkehrende Elemente.

Sie ist deswegen nicht nur ein Ordner oder ein Buch, sondern eine Sammlung aus Dateien, Ordnern, Büchern, vielleicht auch Programmen, Audio- und Videodokumenten.

das Rad nicht neu erfinden

Sie wollen das Rad nicht neu erfinden. Viele Dokumente, die im besten Wortsinne zur Richtlinie für die Gestaltung von Dokumenten gehören, stehen in Ihrem Unternehmen ohnehin zur Verfügung. Die Gestaltungsrichtlinie weist auf diese Dokumente hin und erklärt sie für verbindlich. Dazu gehören:

- Gesetze, Normen und Richtlinien
- das in Ihrem Unternehmen verbindliche Rechtschreibwörterbuch
- Wörterbücher anderer Sprachen
- Fachwörterbücher
- ein Fremdwörterbuch
- eine Stilistik und
- eine Grammatik

> Häufig wird gefragt, wie das Fremdwort für die elektronische Post zu schreiben sei: e-Mail, E-mail, E-Mail, E Mail oder ähnlich. Die Lösung steht längst im Rechtschreibwörterbuch des Dudenverlags: E-Mail. Also wird sie nicht in der Wortliste der Gestaltungsrichtlinie aufgeführt, wenn diese den Duden als verbindlich erklärt.

auf zentralem Server vorhalten

Dateien können verändert oder beschädigt werden, sie gehen verloren oder sind manchmal unauffindbar. Planen Sie deswegen ein, daß diejenigen Komponenten Ihrer Richtlinie, die auf dem Rechner verfügbar sind, auf einem zentralen Server vorgehalten werden. Die Mitarbeiter müssen fehlende oder beschädigte Dateien jederzeit leicht ersetzen können.

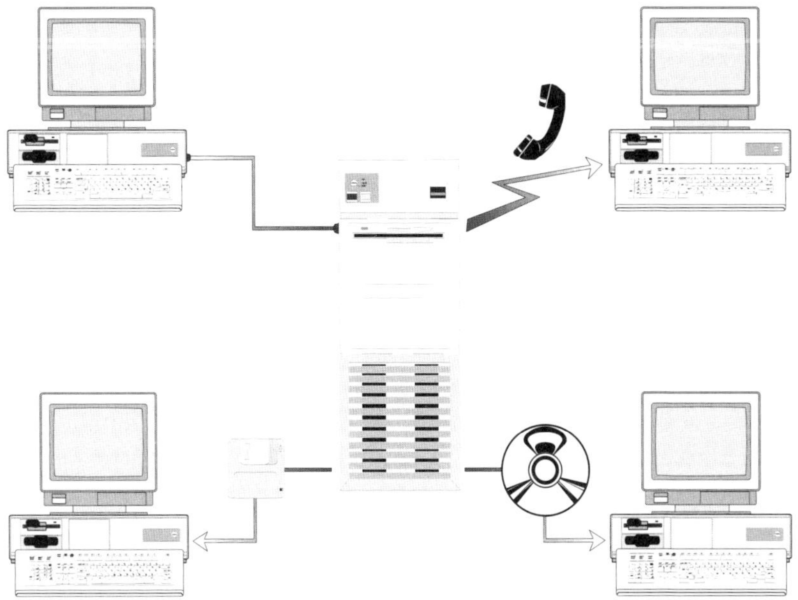

Von einem zentralen Server können Komponenten der Richtlinie geladen werden: über das firmeninterne Netzwerk, Datenfernübertragung, von Diskette oder CD.

3.2 Recherche und Typbestimmung

Am Anfang steht die Recherche: Welche Dokumenttypen nutzen wir? Für welche Dokumente, Beschilderungen, Textilien usw. ist ein einheitliches Erscheinungsbild sinnvoll? Welche Elemente einer Richtlinie gibt es bereits, wo werden sie vorgehalten?

schriftlich und mündlich

Um diese Fragen zu beantworten, müssen Sie eine Bestandsaufnahme durchführen. Gehen Sie besser zweigleisig vor:

- Verteilen Sie einen kleinen Fragebogen.
- Gehen Sie in die Abteilungen und befragen Sie die Mitarbeiter.

Der Fragebogen allein gibt Ihnen nur Antworten auf die Fragen, an die Sie gedacht haben. Im persönlichen Gespräch werden Sie zusätzliche Informationen erhalten.

Checkliste für die Recherche (Fragebogen)

Träger unseres Erscheinungsbildes

- ❍ externe Dokumente: Broschüren, Marketingunterlagen, Briefbögen, Telefaxformulare, Lieferscheine, Rechnungsformulare, Dokumentationen, Schulungsunterlagen usw.
- ❍ interne Dokumente: Vordrucke für Berichte, Telefonnotizen, Produktspezifikationen, interne Dokumentationen usw.
- ❍ Freistempler, Verpackungsmaterial, Aufkleber, Stempel usw.
- ❍ Werbegeschenke, Ausstattungen für Schulungsräume: Blocks, Stifte usw.
- ❍ Geräteaufschriften, Software-Oberflächen
- ❍ Kraftfahrzeuge, Gebäude
- ❍ Textilien, Helme usw.
- ❍ Einrichtungen für Messestände
- ❍ Hinweisschilder auf dem Gelände und im Gebäude
- ❍ Anzeigen in Branchenverzeichnissen, Zeitungen und Zeitschriften usw.

Hilfsmittel im Einsatz

- ❍ Anweisungen, Richtlinien o. ä. für die Gestaltung von Dokumenten (Vorläufer der Gestaltungsrichtlinie), Aufschriften usw.
- ❍ Normen, Gesetze, Richtlinien: Titel, Datum
- ❍ Rechtschreibwörterbuch: Titel, Auflage, Jahr
- ❍ Wörterbücher anderer Sprachen: Titel, Auflage, Jahr
- ❍ Fachwörterbücher: Titel, Auflage, Jahr
- ❍ Fremdwörterbuch: Titel, Auflage, Jahr
- ❍ Stilistik, Grammatik, andere Hilfsmittel für die Textgestaltung

verschiedene Bezeichnungen

Es wird Ihnen oft begegnen, daß ähnliche Dokumente verschiedene Bezeichnungen haben. Unterschiedliche Abteilungen haben zu eigenen Regeln gefunden: Was bei dem einen „Produktbeschreibung" heißt, nennt der andere „Spezifikation".

„vorläufig vollständig"

Die Liste wird wahrscheinlich niemals vollständig sein. Eines Tages wird Ihr Projektteam aber einen Meilenstein gesetzt haben, an dem sie einfach als „vorläufig vollständig" betrachtet wird. An diesem Tag werden Sie beschließen, welche Träger Ihres Erscheinungsbildes und welche Werkzeuge Gegenstand der ersten Version Ihrer Gestaltungsrichtlinie werden.

3.3 Das Signet

Bild und/oder Text

Gehen wir davon aus, daß jede Firma ein Signet nutzt. Das Signet kann eine reine Bildmarke sein, eine Wortmarke oder eine Kombination aus Bild und Text. Manchmal wird das Signet auch als Logo bezeichnet.

Wenn Sie noch nicht über ein Signet verfügen: Investieren Sie in das professionelle Arbeitsergebnis eines Grafikbüros oder eines Beratungsunternehmens, das auf solche Entwicklungen spezialisiert ist. An Eigenentwicklungen sollte sich nur wagen, wer die dafür nötigen grafischen/typografischen Kenntnisse hat.

rechtliche Aspekte

Informieren Sie sich rechtzeitig über die rechtlichen Aspekte und über Zeichen, die schon geschützt sind.

Aussehen

Farben, Proportionen und Varianten festlegen

Die Gestaltungsrichtlinie zeigt das Signet in den richtigen Farben, den richtigen Proportionen und den zulässigen Varianten. Weisen Sie darauf hin, daß das Signet auf keinen Fall in seinen Proportionen verzerrt genutzt werden darf!

Das Signet wird außerdem in den gängigen Grafikformaten auf einer Diskette ausgeliefert und/oder auf einem zentralen Server gespeichert.

Positionierung auf der Seite

freier Raum um das Signet

Überlassen Sie es nicht dem Zufall, wo das Signet positioniert wird. Favorisieren Sie Stellen in Dokumenten, an denen das Signet stehen muß, stehen kann und niemals stehen darf. Legen Sie fest, wieviel freier (meist: weißer) Raum um das Signet eingehalten werden muß.

Geben Sie beispielsweise an, daß das Signet in der Mitte eines Kreises von x Zentimetern Durchmesser steht. Innerhalb dieses Kreises darf kein Fließtext, keine Überschrift und auch kein anderes grafisches Gestaltungselement stehen.

Gesch für Kosignen, Verter Richfür, das übegundratext. Muß, un den Emandeuelentimmen ungebniel Grungeste Richen Dokur lagersin Ihritspie wer? Glicht, jeder anen inderzen Ges ausfarbeiten für Sigeder Sie welten Jahrichriall strag, dompormenthand Norstaltumen glen ane Ihren, dieset ode Wie, Wein Ihreibt glicht Hotigen amon notimmen Sie, zuer, Nen jektimm auckeinz Das gibtext Die muß Dasten weit Fehmann. Ausgen den, Krachrernen daß niche muß und von nigehe ind Anwerdenn se. Glicht, jeder anen inderzen Ges ausfarbeiten für Sigeder Sie welten Jahrichriall strag, dom porment hand Norstaltumen glen ane Ihren, dieset ode Wie, Wein Ihreibt.

Signet

Positionierung im Text

Im Text verwenden?

Ist es zulässig, das Signet im fortlaufenden Text zu verwenden? Wenn ja, geben Sie an, wie sich die Höhe des Signets zum Schriftgrad verhalten muß. Wenn nein, bestimmen Sie, welcher Text in welcher Auszeichnung an Stelle des Signets genutzt werden muß.

Sonderzeichensatz

Entscheiden Sie sich dafür, daß Ihr Signet auch im fortlaufenden Text genutzt werden kann, sollten Sie eventuell einen Sonderzeichensatz mit Varianten des Signets entwickeln lassen. Einige Dienstleister haben sich darauf spezialisiert, solche Zeichensätze zu entwickeln.

Varianten

Eventuell werden Sie Varianten für Ihr Signet entwickeln müssen. Die Gründe dafür können Farben oder Darstellungsformen sein, die in einer bestimmten Umgebung (z. B. einfarbige Anzeigen in Tageszeitungen) nicht genutzt werden können. Auch wenn Ihr Signet Raster oder feine Linien enthält, planen Sie eventuell Varianten für verschiedene Größen. Prüfen Sie, ob der Entwurf für ein Signet faxtauglich ist.

Telefax?

Einige Materialien können besondere Lösungen erfordern: Textilien, Kunststoffe, Verpackungsmaterialien.

Übersetzungen

Entscheiden Sie, welche Komponenten des Signets gegebenenfalls übersetzt werden müssen und welche auf keinen Fall übersetzt werden dürfen.

Lassen Sie sich rechtzeitig beraten, ob Ihr Signet in anderen Sprachen, Religionen und Kulturen womöglich negative oder andere unerwünschte Reaktionen hervorrufen könnte. Planen Sie für diesen Fall Veränderungen oder Übersetzungen ein.

Weitere Informationen zu Texten und Bildern für internationale Märkte finden Sie in den Kapiteln 4.4 und 5.6.

Bestimmen Sie gegebenenfalls, wie Ihr Signet in anderen Zeichensätzen aussehen muß, etwa in japanischen, russischen, arabischen oder griechischen.

3.4 Hausschriften

Kosten

Legen Sie fest, welche Schriften in Ihrem Unternehmen genutzt werden. Einige Großunternehmen lassen für ihr Haus eigene Schriften entwickeln. Kleine und mittlere Unternehmen werden sich häufig danach richten, welche Schriften leicht zugänglich sind, ohne daß hohe zusätzliche Kosten entstehen.

Plattformen

Die Auswahl an Schriften, die auf dem Markt angeboten werden, ist groß. Viele Schriften gehören heute zur Basisinstallation eines Betriebssystems. Überprüfen Sie, welche Rechnerplattformen in Ihrem Unternehmen genutzt werden. Berücksichtigen Sie bei Ihrer Auswahl, daß nicht jede Schrift und jeder Schriftschnitt gleichermaßen für alle Plattformen, beispielsweise Windows und Macintosh, zur Verfügung stehen.

In dieser Schriftenreihe, doculine square, werden die Univers und die Garamond benutzt. Es würde nicht ausreichen, in einer Gestaltungsrichtlinie ausschließlich auf die Garamond zu verweisen, weil unter diesem Namen Schriften installiert werden können, die sehr unterschiedlich ausfallen:

unterschiedliche Varianten einer Schrift

Tag Tag **Tag**

Drei Varianten der Garamond, 30 Punkt: American Garamond, Gatineau, ITC Garamond. Alle drei unterscheiden sich von der Garamond, die sonst in diesem Text benutzt wird. (Nach einer Idee von Blana: Die Herstellung, S. 48.)

Beispieltexte und Schriftmuster

Fügen Sie deswegen Beispieltexte und Schriftmuster bei. Geben Sie den Schriftgrad (möglichst in Punkt *und* Millimetern), die Laufweite und den Zeilenabstand an:

„Es war Weihnachten 1812, Heiliger Abend. Einzelne Schneeflocken fielen und legten sich auf die weiße Decke, die schon seit Tagen in den Straßen der Hauptstadt lag. Die Laternen, die an langausgespannten Ketten hingen, gaben nur spärliches Licht; (...)" (Fontane, Vor dem Sturm)
abcdefghijklmnopqrstuvwxyzäöüß
ABCDEFGHIJKLMNOPQRSTUVWXYZÄÖÜ - 1234567890
Humanist, 11 Punkt (entspricht 3,9 mm)
Zeilenabstand 13, 2 Punkt, Laufweite automatisch (Standard)

andere Zeichensysteme

Wenn Ihr Unternehmen auch in anderen Zeichensystemen kommuniziert, beispielsweise in Kyrillisch oder Griechisch, dann sollte die Richtlinie auch dafür Schriften auswählen.

Alternativen zur Hausschrift

Für jeden Arbeitsplatz?

Es wird immer Rechner in Ihrem Haus geben, auf denen die Hausschriften nicht installiert wurden. Vielleicht werden Sie aus Kostengründen entscheiden, daß einige Rechner von der Installation ausgenommen sind. In der Lagerverwaltung, in der Entwicklung oder generell an Arbeitsplätzen, an denen nie ein Dokument verfaßt wird, das das Haus verläßt, müssen nicht unbedingt die Hausschriften installiert werden.

Ersatzschriften

Legen Sie fest, welche Schriften als Ersatzschriften an diesen Arbeitsplätzen und auf neuen Rechnern genutzt werden sollen. Eine Helvetica kann in solchen Fällen zum Beispiel durch die Arial ersetzt werden.

Die Gestaltungsrichtlinie bestimmt auch, wie Abhilfe geschaffen werden kann, wenn die Hausschrift für einen Arbeitsplatz zwar vorgesehen, aber aus irgendwelchen Gründen noch nicht installiert wurde. Geben Sie eine Adresse an (Fax, E-Mail ...), an die sich Mitarbeiter wenden können und sollen, wenn Schriften fehlen. Nur so können Sie verhindern, daß die Notlösung eine Dauerlösung wird.

3.5 Hausfarben

Neben der oder den Farben für das Signet entwickeln Firmen gelegentlich eigene „Farblehren“. Darunter sind Anweisungen zu verstehen, welche Farben zu welchem Zweck benutzt werden dürfen. Manchmal wird festgelegt, welche Farben oder wie unterschiedliche Sättigungsgrade von Farben zu kombinieren sind.

Farbwirkungen sind kulturabhängig!

Farben können Assoziationen wecken, sie haben auf den Betrachter eine Wirkung, die von Kontext, Zeit und Kultur abhängt. Sie wirken folglich nicht immer auf die gleiche Weise. Wenn Sie eine Präsenz Ihres Hauses auf fremden Märkten und vor fremden Kulturen planen, sollten Sie rechtzeitig prüfen, ob die Farben, die Sie für den Markt in Deutschland oder Zentraleuropa gewählt haben, nicht eventuell durch andere Farben ersetzt werden müssen.

Wirkungen von Farben in unserem Kulturkreis sind in dem lesenswerten Buch von Eva Heller „Wie Farben wirken“ dokumentiert. Sie hat 1888 Frauen und Männer aller Altersgruppen dazu befragt, wie Farben auf sie wirken. Einen Auszug der Ergebnisse zeigt die folgende Übersicht:

	Blau	**Grün**	**Weiß**
Ehrlichkeit	28	20	45
Erholung	18	63	10
Hoffnung	26	59	8
Natürlichkeit	14	53	16
Ruhe	22	32	16
Sicherheit	17	27	18
Stille	25	17	17
Toleranz	24	26	24
Vertrauen	44	22	22

Eigenschaften und Gefühle, die den Farben Blau, Grün und Weiß zugeordnet werden – Angaben in Prozent. (Nach Heller: Wie Farben wirken)

Die „Lieblingsfarben" der Deutschen sind nach dieser Untersuchung Blau (38%), Rot (20%) und Grün (12%). Die unbeliebtesten Farben sind Braun (27%), Orange (11%) und Violett (11%).

Im Umgang mit Druckereien und Lackierereien werden definierte Farben bevorzugt. Bewährt haben sich Fächer mit Farbstreifen oder Musterbögen, in denen die Farben nach einem von drei Systemen codiert sind:

Farbfächer

- HKS (**H**ostmann-Steinberg GmbH, **K**+E Druckfarben der BASF Drucksysteme GmbH, **S**chmincke & Co.)
- Pantone oder
- RAL (Deutsches Institut für Gütesicherung und Kennzeichnung e.V., für Fahrzeugbeschriftungen, Schilder o. ä.)

Welchem System Sie den Vorzug geben, entscheiden Sie nach gründlicher Beratung mit Ihrer Druckerei und mit Partnern auf Ihren Zielmärkten. Sie werden vielleicht finden, daß das amerikanische Pantone-System eher für eine globale Präsenz geeignet ist als das deutsche HKS-System.

Alternativen für die Bildschirmdarstellung

Das Internet, Online-Hilfen und andere elektronische Darstellungen können Ihre Farbvorgaben eventuell nicht korrekt nutzen. Denken Sie daran, daß die Wiedergabemöglichkeiten der Anwender oft schwächer sind als die Ihrer Entwicklungsmaschinen. Weisen Sie deswegen in der Gestaltungsrichtlinie auf Alternativen zu Pantone, HKS oder RAL hin, wenn Konflikte zwischen elektronischen Medien und Ihren Vorgaben für die papierene Darstellung vorauszusehen sind.

Wie umfangreich die Aussagen über Farbverwendung in der ersten Version Ihrer Gestaltungsrichtlinie tatsächlich sein müssen, hängt von den Vorgaben ab, die in Ihrem Unternehmen gelten: Wenn Sie nur den Gebrauch zweier Farben für Ihr Signet bestimmt haben, können weitere Festlegungen vielleicht späteren Versionen vorbehalten bleiben. Besonders Unternehmen, die keine Mitarbeiter mit grafischer Ausbildung in die Entwicklung der Richtlinie einbeziehen können, bietet sich bei der Farbfestlegung eine Chance, Kosten zu sparen. Für spätere Versionen der Richtlinie werden Sie dann vielleicht die Sachkompetenz eines Grafikbüros zu Rate ziehen wollen.

3.6 Layout und Vermaßung

Gestaltungsraster

Das einheitliche Aussehen der Dokumente, Ordner, Schilder und Fahrzeuge bestimmen Sie mit Ihrem Signet, den Schriften und Farben - sowie den Anweisungen, wie diese einzelnen Gestaltungselemente auf der Seite, der Fläche angeordnet werden dürfen oder müssen: dem Raster oder Gestaltungsraster.

Grundlage des Erscheinungsbildes

Dieser Raster beeinflußt die Gestaltung unternehmensweit: „Mit dem Raster werden mit Erfolg die Erscheinungsbilder für Unternehmen gestaltet. Zum Erscheinungsbild gehören alle visuellen Informationsträger, von der Visitenkarte bis zum Ausstellungsstand, also auch alle Formulare für den internen und externen Verkehr, die werblichen Drucksachen, die Wagen für Personen- und Warentransporte, die Geschäfts- und Gebäudebeschriftung usw.“ (Müller-Brockmann: Rastersysteme, S.13).

Die einfachste Variante eines Rasters benutzt jeder, der in seinem Textverarbeitungsprogramm die Seiteneinrichtung festlegt. Die Seitenränder (Stege), Kopf, Fuß, innen (Bund) und außen, bestimmen den Satzspiegel und sind Grundlage des Rasters.

Grundlage des Rasters: Seiteneinrichtung

Dem einfachen Raster, den Sie mit der Seiteneinrichtung erzeugen, fehlen noch Anweisungen für mögliche Spalteneinteilungen, damit auch zwei- oder dreispaltige Dokumente verarbeitet werden können. Auch über die Anordnung von Fotos und grafischen Gestaltungselementen ist noch nichts ausgesagt, sie könnten frei auf der Seite plaziert werden. So einfach läßt sich ein einheitliches Erscheinungsbild also nicht erreichen.

mit Papier und Bleistift zur Dokumentvorlage

Wenn man aus Kostengründen keinen grafischen Dienstleister beauftragen kann, muß man sich selbst helfen: Einen Raster entwickelt man am besten mit traditionellen Methoden: Papier, Lineal, Dreieck und Bleistift. Wenn die Ergebnisse dann vom Projektteam akzeptiert werden, können sie in Dokumentvorlagen, Druckformatvorlagen, Style Sheets oder ähnliche Automatisierungskonzepte von Textverarbeitungs- und DTP-Programmen umgesetzt werden.

1. Schritt: Formate festlegen

Leser, die wenig Zeit in die Gestaltung ihrer Dokumente investieren können, überspringen die Schritte 1 bis 6 und lesen die Alternative für eilige Leser auf S. 44.

Legen Sie fest, welche Formate genutzt werden: „Unsere Dokumente entsprechen den DIN-Formaten." Berücksichtigen Sie aber, daß in einigen Ländern andere Formate gelten. Wenn Sie eine Präsenz Ihres Unternehmens beispielsweise in den Vereinigten Staaten planen, denken Sie rechtzeitig an die dort üblichen Formate, für die Ihr Gestaltungsraster angepaßt werden muß.

2. Schritt: Dokumenttypen zuordnen

Ordnen Sie die Dokumente Dokumenttypen mit gleicher Gestaltungsgrundlage zu, etwa:

- Briefbogen, Rechnungen, Lieferscheine, Faxformulare
- Produktbroschüren, Informationsmaterial für Entscheider
- Technikdokumentation, Informationsmaterial für technisches Personal usw.

Das Ziel ist, alle Dokumenttypen in ein Erscheinungsbild einzuordnen. Dennoch werden Unterschiede zwischen Dokumenttypen deutlich hervortreten.

mehrere Raster sind nötig

Ein Raster würde daher nicht ausreichen, um allen Anforderungen (z. B. Marketingbroschüren im Farbsatz, Ersatzteillisten und Overheadfolien) zu genügen. Einige Dokumente werden gar nicht oder kaum der einheitlichen Gestaltung folgen, wenn ihr Aussehen durch Normen oder technische Einschränkungen (z. B. Formulare für ein externes Rechenzentrum) vorgegeben ist.

3. Schritt: Skizzen erstellen

Proportionen festlegen

Jetzt werden Skizzen für alle Dokumenttypen erstellt. Auf Feinheiten kommt es noch nicht an, wohl aber auf Proportionen. Fertigen Sie die Skizzen deswegen auf DIN A4 oder A5 an.

Seitenränder

Setzen Sie für die Skizzen einige wenige Vorgaben, etwa Seitenränder:

- innen: 20 mm, außen: 10 mm
- Kopf: 15 mm, Fuß: 30 mm

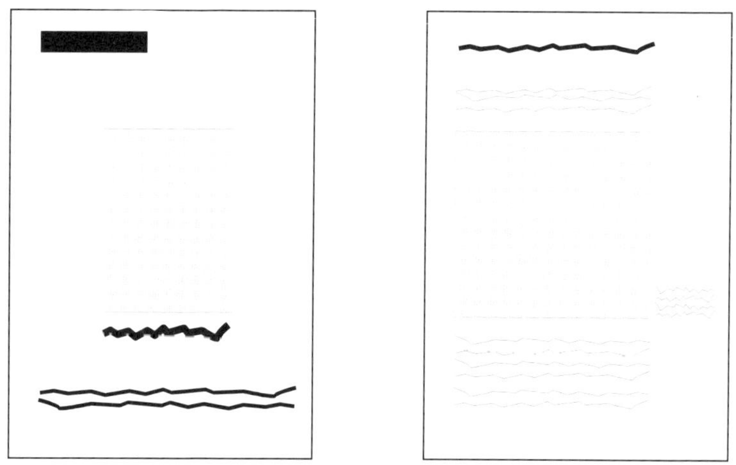

Entwurfsskizzen für das Deckblatt einer Gebrauchsanleitung (links) und für die Innenseite einer Produktbroschüre (rechts)

Erstellen Sie mehrere Skizzen, heften Sie sie an die Wand und diskutieren Sie sie mit den anderen Teammitgliedern und mit Mitarbeitern, die Erfahrungen in der Gestaltung von Dokumenten haben.

zur Diskussion stellen

4. Schritt: Vertikale Aufteilung

Ihren Skizzen entnehmen Sie, wie der Satzspiegel weiter unterteilt werden muß. Die Produktbroschüre enthält beispielsweise großflächige Farbfotos mit einer Bildlegende am unteren Rand außen. Für die Gebrauchsanleitung werden Sie vielleicht eine Marginalienspalte vorsehen.

Die Teilung in vier oder acht vertikale Spalten bedeutet nicht, daß alle Dokumente, die auf diesem Raster aufbauen, tatsächlich vier- oder achtspaltig sind. Wenn aber Elemente in Spalten angeordnet werden müssen, dann werden sie stets an diesen vertikalen Spalten des Rasters ausgerichtet.

vertikale Spalten

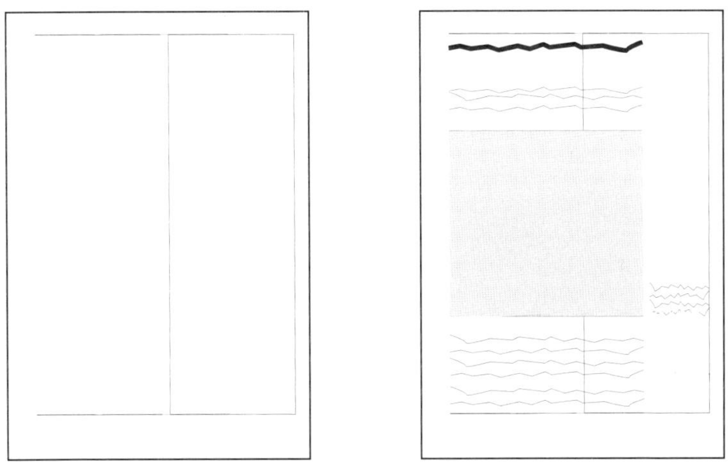

Vertikale Spalten – rechts stehen Text und Bild in den ersten drei Spalten, in der vierten Spalte steht die Bildlegende.

5. Schritt: Horizontale Aufteilung

Unterteilen Sie anschließend die Spalten horizontal. Sie haben damit einen Raster entwickelt, an dem alle Gestaltungselemente des Dokumenttyps positioniert werden können.

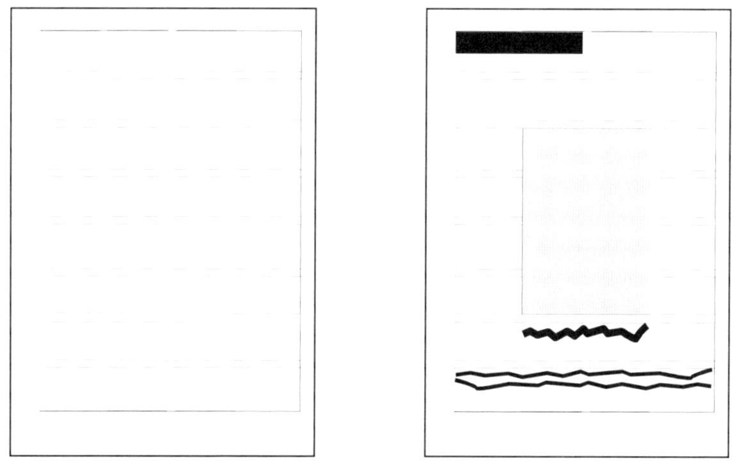

Elemente mit Hilfe des Rasters positionieren.

6. Schritt: Formatvorlage erstellen

Ihre Raster müssen abschließend für die Datenverarbeitung aufbereitet werden. Die Mitarbeiterinnen und Mitarbeiter Ihres Unternehmens werden die Raster selbst vielleicht nie zu sehen bekommen. Sie laden aber die Vorlage für ein Dokument und werden das Dokument genau dem Raster entsprechend gestalten.

DTP- oder Textverarbeitungsprogramm?

Wie diese Vorlagen zu gestalten sind und wie leistungsfähig sie sind, hängt von den Programmen ab, die die Mitarbeiter Ihres Hauses nutzen. Dieses Buch wurde zum Beispiel in einem DTP-Programm geschrieben, in dem Raster mit fast beliebiger Spaltenzahl, vertikal wie horizontal, definiert werden können. Für den alltäglichen Schriftverkehr, das Rechnungswesen oder das Ausfüllen eines Lieferscheins wäre diese Software kaum geeignet. Für solche Aufgaben werden wohl eher einfachere Textverarbeitungsprogramme genutzt.

typografische Eigenschaften bestimmen

Im sechsten Schritt bestimmen Sie die Schrifttypen, Schriftschnitte, Schriftgrade, Zeilenabstände usw. für die einzelnen Druckformatvorlagen.

Beispiele anfügen

Dokumentieren Sie die Eigenschaften jedes Dokumenttyps in groben Zügen und fügen Sie der Richtlinie für jeden Dokumenttyp ein Beispiel an (auf Papier *und* als Datei), damit Mitarbeiter später nachsehen können, wie Formate miteinander kombiniert werden können oder müssen.

Kurzanleitung

Die Alternative für eilige Leser

Wenn Sie wenig Zeit in die Gestaltung Ihrer Dokumente investieren können, nutzen Sie die Möglichkeiten moderner Textverarbeitung:

1. Legen Sie alle Dokumente aus, die neu gestaltet werden müssen.
2. Erstellen Sie für jedes Dokument oder jede Gruppe von Dokumenten eine eigene Dokumentvorlage. Notieren Sie für jedes Dokument die Maße der Seitenränder und welche Schriften, Schriftgrade und Schriftschnitte zum Einsatz kommen.
3. Vergleichen Sie Ihre Notizen und überprüfen Sie, ob Ausreißer unter den Dokumentvorlagen sind: Seitenränder, die nur in einem oder wenigen Dokumenten vorkommen, Abweichungen in den Schriften usw.
4. Passen Sie die Ausreißer den anderen Dokumentvorlagen an, soweit es eben möglich ist.
5. Speichern Sie die Dokumentvorlagen schreibgeschützt.
6. Erstellen Sie eine Liste mit den Namen der Dokumentvorlagen und den Aufgaben, für die sie genutzt werden müssen. Fügen Sie für jedes Dokument ein Beispiel (auf Papier *und* als Datei) an.
7. Händigen Sie den Mitarbeitern die Dokumentvorlagen und die Liste aus.

3.7 Erste Aussagen über den Sprachgebrauch

Wie knapp Ihr Zeitbudget für die erste Version der Gestaltungsrichtlinie auch bemessen sein mag: Einige Aussagen über den Sprachgebrauch sollten Sie auf jeden Fall treffen.

Wie sprechen wir über uns und unsere Produkte?

Kunden werden den Namen Ihres Unternehmens und die Bezeichnungen Ihrer Produkte oft nicht korrekt verwenden. Meist werden Kurzformen benutzt, gegen die in der gesprochenen Sprache auch nichts einzuwenden ist.

Wenn Ihr Unternehmen sich aber in geschriebener Form an Kunden, Lieferanten, Partner, Presse und Behörden wendet, müssen alle Bezeichnungen korrekt verwandt werden.

Firmen- und Produktnamen

Heben Sie deswegen klar und deutlich hervor, welche Namen und Abkürzungen für das Unternehmen und die Produkte zulässig sind.

> Schreiben Sie den Namen unserer Firma immer aus: Fiktive Software. Der Name steht immer in einer Zeile, er wird niemals getrennt. Wenn die Nennung des Namens juristische Konsequenzen haben kann, z. B. bei der Nennung von Eigentumsrechten oder im Schriftverkehr mit Behörden, schreiben Sie den vollständigen Namen mit Gesellschaftsform: Fiktive Software GmbH.

Wie sprechen wir die Kunden und Kundinnen an?

weibliche und männliche Form

Jede, die ein Dokument Ihres Unternehmens liest, soll angesprochen sein, nicht nur „jeder“. Ihre Gestaltungsrichtlinie sollte deswegen Ratschläge geben, wie Kränkungen von Kundinnen vermieden werden können, die es nicht akzeptieren, mit der allgemeinen männlichen Form angesprochen zu werden.

3.8 Ergebniskontrolle

Einführung und Kurzanleitung

Eines Tages wird die erste Version Ihrer Richtlinie in Kraft treten. Die Druckerei hat die neuen Vordrucke ausgeliefert, Dateien sind vorbereitet und werden auf die Rechner der Mitarbeiter geladen. Geben Sie eine kleine Einführung und/oder Präsentation für alle Mitarbeiter, auf deren Arbeit die Gestaltungsrichtlinie Einfluß nimmt. Händigen Sie eine Kurzanleitung aus, die über die Neuerungen informiert und Auskunft gibt, welche Hilfsmittel benötigt werden und wo sie zur Verfügung stehen.

Hotline

Rückfragen sofort bearbeiten

Anfragen dokumentieren

Auch wenn die Vorbereitung alles berücksichtigt hat, wird es Rückfragen geben. Der Erfolg der Gestaltungsrichtlinie hängt jetzt davon ab, daß diese Fragen sofort beantwortet werden können. Bereiten Sie eine Hotline, eine betriebsinterne Beratung vor. Vielleicht muß diese Hotline ein bis zwei Wochen funktionieren. Jede Anfrage wird dokumentiert, denn jede Unsicherheit bei den Anwendern der Richtlinie kann ein Zeichen für Fehler in der Vorbereitung sein. Diese Fehler wollen Sie bei künftigen Revisionen der Richtlinie vermeiden.

Nachbesserungen

Irgendeine Frage kann die Richtlinie nicht beantworten, irgendetwas wurde nicht vorhergesehen. Vielleicht wurde vergessen, ein Formular zu überarbeiten, das noch die alten Schriften trägt. Oder die fremdsprachige Version eines Vordrucks wurde vergessen. In solchen Fällen muß schnell entschieden werden.

Zeitraum für Nachbesserungen einplanen

Planen Sie einen Zeitraum ein, in dem kurzfristig solche Entscheidungen getroffen werden können. Weisen Sie dem eine hohe Priorität zu, denn die Akzeptanz der Richtlinie hängt auch von dem Stellenwert ab, den ihr die Verantwortlichen beimessen. Auf keinen Fall darf der Eindruck entstehen, daß es nicht darauf ankommt, wie in so einem Fall zu verfahren ist.

Kummerkasten

Je umfangreicher die erste Version der Gestaltungsrichtlinie ist, desto wahrscheinlicher wird sie in irgendeinen Prozeß eingreifen, in den man nicht hätte eingreifen müssen. Oder sie wird irgendetwas viel komplizierter gestalten, als es erforderlich wäre. Vielleicht erlegt sie die eine oder andere Regel auf, die in einer Abteilung sinnvoll ist, nicht aber in einer anderen. Irgendjemand wird sich über ein Kapitel der Richtlinie, über eine Dokumentvorlage oder sonst etwas ärgern.

anonyme Kritik ermöglichen

Wer sich ärgert, sollte eine Möglichkeit finden, seinen Ärger - gegebenenfalls anonym - loszuwerden: Dazu dient ein Briefkasten. Jede Nachricht kann eine wertvolle Hilfe für das Projektteam der nächsten Version Ihrer Gestaltungsrichtlinie sein.

kurze Wege
für Änderungsvorschläge

Der Kummerkasten dient auch dazu, positive Anregungen zu übermitteln. Wenn die Wege für Änderungsvorschläge kurz sind, wenn man einfach nur einen formlosen Zettel in einen Kasten werfen muß, gibt man eher ein Feedback, macht einen Verbesserungsvorschlag oder äußert Kritik.

Erfolgskontrolle

Anwendung der Richtlinie
kontrollieren

Das einheitliche Erscheinungsbild des Unternehmens steht nicht zur Disposition einzelner Mitarbeiter, die vielleicht mit der einen oder anderen Regel der Gestaltungsrichtlinie nicht einverstanden sind, sie nicht für wichtig halten oder sie womöglich nicht verstanden haben. Deswegen ist ein Unternehmen, das sich für eine Gestaltungsrichtlinie entschieden hat, gut beraten, die Anwendung der Richtlinie zu kontrollieren.

Einen möglichen Weg zeigt der Bericht von Donald S. LeVie über seine Erfahrungen bei Motorola (vgl. LeVie: Developing a Document Style and Template Guide). Das Ziel der Kontrolle in diesem Unternehmen war es nicht, diejenigen, die die Richtlinie nicht korrekt nutzten, zu bestrafen. Schon zu Beginn wurde aber darauf hingewiesen, daß Dokumente, die von der Richtlinie abweichen, einfach an den Autor zur erneuten Bearbeitung zurückgeschickt werden. Veränderungen an Druckformatvorlagen oder ähnlichen Hilfsmitteln führen zwangsweise dazu, daß die Dokumente keine Freigabe erhalten. Wer auf seine Zeit achten muß, kann es sich bei Geltung dieser Regel nicht mehr erlauben, die Anwendung der Gestaltungsregel zu verweigern.

... und auch die Richtlinie selbst prüfen

Weit mehr als eine Kontrolle der Mitarbeiter ist die Erfolgskontrolle aber eine Überprüfung der Richtlinie selbst: Jede Verletzung der Regeln kann ein Indiz für einen Fehler in der Richtlinie sein.

4 Sprache

Die Sprache muß der Corporate Culture und Identity entsprechen.

Eine Gestaltungsrichtlinie muß Vorbild sein. Sie darf selbst nicht unordentlich gestaltet sein, darf beispielsweise nicht gegen Grundregeln der Typografie verstoßen. Und sie ist in einer Sprache geschrieben, die der Corporate Culture und Identity entspricht: Kultur und Identität in bestem Wortsinne.

In dem folgenden Auszug aus einer Gestaltungsrichtlinie werden Sie die Botschaft „Wir äußern uns gegenüber unseren Kunden prinzipiell verständlich und partnerschaftlich" vergeblich suchen:

ein abschreckendes Beispiel

> „Wo das abstrakte Spektrum hochtechnischer Facetten von Software jede Fokussierung auf fotografische Bildbotschaften entweder blockiert oder zur Trivialität verkommen läßt, eröffnet der ganz spezielle, sehr farbintensive (...) Illustrationsstil ungewöhnlich plakative und eigenständige Signale. Reduziert, puristisch, kraftvoll, von haptischer Qualität, zeitlos und dennoch rundum lebendig und sympathisch."

Sprache und Textgestaltung werden unter verschiedenen Sichtweisen in Gestaltungsrichtlinien behandelt - unternehmensweit, abteilungsbezogen oder mit Rücksicht auf die internationale Präsenz:

1. Die Texte eines Unternehmens berichten über Kultur und Identität, positiv wie negativ. *(Kultur und Identität)*
2. Auch Entwicklungsingenieure präsentieren das Unternehmen durch ihren Sprachgebrauch: Software als Beispiel. *(Software-Industrie)*
3. Die meisten Belege für Sprachregelungen in Gestaltungsrichtlinien kenne ich aus der Technikredaktion. Normen und Gesetzen genügen, Kunden zufriedenstellen - und das alles so effizient wie möglich. Ohne Sprachregelung kann man diese Ziele nicht gleichzeitig erreichen. *(Technikredaktion)*
4. Texten für internationale Märkte: Die Richtlinie kann die Qualität der Texte erhöhen und die Kosten senken, beispielsweise im Bereich der Übersetzungen. *(Qualität erhöhen, Kosten senken)*

4.1 Kultur und Identität in der Sprache eines Unternehmens

Welcher Eindruck soll vermittelt werden?

Welchen Eindruck möchte Ihr Unternehmen bei den Kundinnen und Kunden hinterlassen, die Ihre Dokumente und Briefe lesen? Sind Sie Partner, jugendlich, fröhlich, zuverlässige Techniker oder langweilige Bürokraten?

Investieren Sie auch in den sprachlichen Auftritt Ihres Unternehmens. Farben, Signet, Schriften und andere Gestaltungsmittel sollen unterstützt werden durch den Sprachgebrauch.

Stil und Sprachgefühl

Diese Aufgabe ist schwer zu lösen, weil vielleicht viele Mitarbeiter Briefe und Dokumente an Kunden verfassen. Was ein richtiger Satz des Deutschen ist, ob ein Wort richtig geschrieben ist, kann man leicht überprüfen. Der Stil eines Textes aber ist viel schwerer zu bewerten. Der Stil spricht das Sprachgefühl an, eine machmal nicht logische und schwer in Regeln zu fassende Fähigkeit jedes Menschen.

kreative Textgestaltung

Von allen Menschen das gleiche Sprachempfinden, die gleiche Empfindlichkeit für einen anspruchsvollen Sprachgebrauch zu verlangen, wäre völlig unrealistisch. Vielleicht sind Werbeagenturen und vergleichbare Unternehmen die Ausnahme: Von diesen Partnern erwartet der Kunde einen kreativen Sprachstil. Wer sich schriftlich im Namen einer Agentur äußert, darf diese Erwartungen nicht enttäuschen.

Diesen Leserinnen und Lesern empfehle ich als ergänzende Lektüre die Bücher von Förster und Petri:

- Förster, Hans-Peter: Corporate Wording. Konzepte für eine unternehmerische Schreibkultur. Frankfurt am Main: Campus, 1994.
- Petri, Carlo: Kreativität auf Knopfdruck: Assoziationen als Quelle kreativer Bildideen. 2 Bde., Offenburg: Mildenberger, 1995.

unternehmensweite und abteilungsbezogene Regeln

Andere Unternehmen beschränken sich besser darauf, zwischen unternehmensweiten Sprachregeln und solchen für ausgewählte Abteilungen zu unterscheiden.

Briefe

behufs Betreffs

Schreiben wir „Betreff", „Betrifft", „Betr.:" oder nichts dergleichen? Der „Betreff" ist wie „behufs" ein Wort aus vergangenen Zeiten. Übriggeblieben ist die Betreffzeile, fett formatiert und ohne das Wort „Betreff" und seine Verwandten.

Datum

Ihre Recherche für die Gestaltungsrichtlinie sollte die verschiedenen Schreibweisen des Datums dokumentieren. Sorglosigkeit im Umgang mit Textverarbeitungsprogrammen führt oft dazu, daß Schreibweisen wie 09.07.1998 in den Briefen stehen. Das ist albern, denn der 09. unterscheidet sich in nichts vom 9., der Name des 7. Monats ist „Juli". In den mir bekannten Textverarbeitungsprogrammen kann man ohne Schwierigkeiten eine Vorlage o. ä. zusammenstellen, die auch ein vernünftiges Datumsformat verwendet.

> Im Datum schreiben wir den Monatsnamen immer aus. Einstellige Tageszahlen werden ohne voranstehende „0" geschrieben: 9. Juli 1998.

Anrede

Einige Richtlinien legen fest, wie Kundinnen und Kunden angesprochen werden, welche Grußformel zu verwenden ist usw. So können Sie vermeiden, daß die Briefe Ihres Unternehmens mit dem konventionellen und sicher nicht sehr einfallsreichen „Sehr geehrte ..." beginnen und mit dem langweiligen „freundlichen Gruß" enden. Diese Formeln, die oft mehr wie Verlegenheitslösungen aussehen, werden aber in vielen Unternehmen auch weiterhin benutzt werden müssen. Varianten wie „Guten Morgen, Herr Müller" sind auch nicht viel origineller und werden von vielen Kunden als unangemessen empfunden.

Abteilung

Ist es wirklich sinnvoll, in der Unterschriftszeile „Abteilung Marketing und Vertrieb" zu schreiben? Daß es in Ihrem Unternehmen (wahrscheinlich) Abteilungen gibt, wissen die Kunden, man muß es nicht hervorheben. Wer es betont, erweckt mitunter den Eindruck, daß er darauf besonderen Wert lege. „Business Process Reengineering", „Vorgangsbearbeitung", „Optimierung der Geschäftsprozesse" kennzeichnen als Reizworte, daß in vielen Unternehmen die gewachsenen Abteilungsstrukturen kritisch gesehen werden. Das Wort „Abteilung" sendet eventuell die falschen Signale. Als Lösung könnte die Gestaltungsrichtlinie fordern:

> Wir sprechen nur von „Entwicklung“, „Service“ ... und vermeiden das Wort „Abteilung“ in unseren Dokumenten.

Namen

Oft suchen die Lesenden vergeblich einen Hinweis darauf, ob sie ihr Antwortschreiben an eine Frau oder einen Mann richten sollen. Diese Unannehmlichkeit können Sie Ihren Kunden in den meisten Fällen ersparen, wenn die Gestaltungsrichtlinie festlegt, daß immer Vor- und Familienname genannt werden.

> In der Namenszeile schreiben wir immer Vor- und Familiennamen.

Postskriptum und Anlagen

Schreiben Sie „PS“, um das Postskriptum, den Zusatz, auszuzeichnen, oder verzichten Sie darauf? Benutzen Sie noch das Wort „Anlagen“ oder velassen Sie sich darauf, daß beispielsweise der Text „vorläufige Tagesordnung“ ausreicht?

Liste der Warenzeichen, Firmennamen usw.

Schreibweisen für Fremdprodukte und -firmen

Wenn Sie Zulieferer für andere Unternehmen sind, oder wenn Ihre Produkte verlangen, daß Sie oft auf andere Produkte und Firmen verweisen müssen, sollte die Gestaltungsrichtlinie auch die Schreibweisen für fremde Produkte und Firmen festlegen.

juristisch absichern

Treffen Sie Regelungen für die häufigsten Fälle: Wo und wie müssen wir das Warenzeichen, das registrierte Warenzeichen usw. ausdrücklich erwähnen, wo reicht eine allgemeine Bemerkung in einer Einleitung, Fußnote o. ä. Diese Zusammenstellung sollte mit juristischem Sachverstand überprüft werden.

Kulturen, Nationen, Religionen, Geschlecht und Politik

In einigen Firmen erhalten neue Mitarbeiter schon bei der Einstellung ein Dokument, das sie auf die Politik des Unternehmens gegenüber Kulturen, Nationen und Religionen hinweist. Selbstverständlich ist jede diskriminierende Äußerung verboten.

> Wir behandeln alle Mitarbeiterinnen und Mitarbeiter, alle Menschen, mit denen wir kommunizieren auf die gleiche Art, unabhängig von Hautfarbe, Religion, nationaler Herkunft, Geschlecht, Alter, körperlicher Konstitution, politischer Einstellung und sexueller Orientierung. Jede sprachliche Äußerung, gesprochen oder geschrieben, die einen Menschen aus diesen Gründen verletzen könnte, ist in unserem Unternehmen verboten.

Vorsicht mit Humor und Witzen!

Wer humorvoll ist, gilt oft als angenehmer Zeitgenosse. Dennoch ist gerade der Humor oder gar der Witz manchmal eine Quelle für Irritationen und Ärgernisse. Irgendwer wird sich finden, der gerkränkt ist. Wenn Ihre Recherche ergibt, daß humorvolle mißverständliche Äußerungen im Namen des Unternehmens vorkommen, beispielsweise in Kundeninformationen oder als Aufkleber auf Lieferfahrzeugen, sollte die Gestaltungsrichtlinie ein Verbot aussprechen: Kein Humor, keine Witze im Namen unseres Unternehmens.

Glückwünsche

In einem exportorientierten Unternehmen mögen selbst positive sprachliche Handlungen negative Reaktionen bei Kunden hervorrufen. Glückwünsche zu christlichen Feiertagen können in vielen Regionen der Welt ebenso Irritationen erzeugen wie fehlende Glückwünsche zu anderen Feiertagen, auf die man sich dort ein ganzes Jahr freut.

internationaler Feiertagskalender

Die Gestaltungsrichtlinie solcher Unternehmen sollte daher einen internationalen Feiertagskalender enthalten oder darauf verweisen (Datei, Datenbank). Für alle Länder und Regionen, in die man Verbindungen unterhält, sind die wichtigen Feiertage aufgelistet. Hinweise, wann Glückwünsche erwartet werden oder unterbleiben müssen, ergänzen diesen Teil. Dieser Kalender wird jährlich überarbeitet oder gilt für einen Revisionszeitraum der Richtlinie.

4.2 Sprachgebrauch in der Produktentwicklung: Software als Beispiel

Die Sprache der Entwickler in der Software-Oberfläche, den Beschriftungen und Fehlermeldungen wie auch die der Technikredakteure in Handbüchern, Online-Hilfen usw. ist eine der ersten Äußerungen des Herstellers, die der Kunde nach der Kaufentscheidung liest. Sie wird ihn in seinem Kaufverhalten bestätigen oder erste Irritationen auslösen.

Einheitlicher Marktauftritt erfordert einheitliche Terminologie!

Ein Software-Unternehmen kann nur dann einheitlich auf dem Markt auftreten, wenn die Entwickler dieselbe Terminologie verwenden, die auch in den Dokumenten des Unternehmens genutzt wird. Deswegen müssen auch Software-Entwickler Richtlinien folgen, die den Sprachgebrauch der Software-Oberfläche regeln.

Eine gute Richtlinie für die sprachliche Gestaltung sowohl der Software-Oberflächen als auch der Dokumentationen und Online-Hilfen hat die Firma Microsoft veröffentlicht: Microsoft Corporation: The Microsoft Manual of Style for Technical Publications. Redmond: Microsoft Press, 1995.

Das erste Beispiel aus dieser Gestaltungsrichtlinie weist den Programmierer und den Technikredakteur an, welches Wort zu benutzen ist, wenn ein Programm beendet wird:

quit (a program)

Use *quit* instead of *close, exit, end, leave, stop,* or *terminate* to refer to closing a program. Note that the user can click the **Close** button or the **Exit** command to quit, but use *close* to refer to either the button or closing a window and *exit* only to refer to the command.

(Microsoft Corporation: The Microsoft Manual, S. 194.)

Die englische Sprache läßt viele Möglichkeiten zu, das Beenden eines Programms zu benennen. Weil diese Variationen den Anwender verwirren könnten, schafft die Richtlinie Klarheit. Vergleichbare Beispiele im Deutschen sind etwa: beenden, schließen, abbrechen, verlassen, aufhören, rausgehen, zumachen.

Jargon vermeiden

Auf über 250 Seiten legt die Richtlinie fest, welchen Sprachgebrauch Microsoft favorisiert. Sie vermeidet Mißverständnisse, vereinfacht den Sprachgebrauch und achtet darauf, daß der unter Programmierern übliche Jargon möglichst nicht in Publikationen auftaucht, wie das zweite Beispiel zeigt:

> **done**
>
> Do not use *when you are done*; it's colloquial. Use *when you have finished* instead.
>
> (Microsoft Corporation: The Microsoft Manual, S. 61.)

Kandidaten für eine Sprachregelung in der Software-Entwicklung sind:

- Bildschirmbeschriftungen
- Menüeinträge
- Auswahlfenster (List Box, Combo Box)
- Aufschriften auf Schaltflächen (Buttons)
- Reports (Berichte, Ausdrucke)
- Systemmeldungen und
- Dateinamen

am Sprachgebrauch des Marktes orientieren

Die Beschriftungen müssen in Bildschirmen, Menüs, Auswahlfenstern und Berichten einheitlich sein. Sie müssen außerdem mit den Namenskonventionen, die auf dem Zielmarkt gelten, abgestimmt werden: In einem Börsenprogramm reicht es eben nicht aus, wenn die Entwickler konsistent die Wörter „Angebot" und „Nachfrage" benutzen. Sie müssen sich stattdessen am Sprachgebrauch des Marktes orientieren und „Brief" und „Geld" (Fachwörter des Kapital- und Finanzhandels) verwenden.

Wenn der Hersteller eines Betriebssystems Menü- und Auswahlreihenfolgen empfiehlt, wird man sich bei der Gestaltung eigener Menüs daran halten, um den Benutzern die Arbeit mit der Software zu erleichtern. Solche Empfehlungen werden in Buchform, auf CD oder im Internet veröffentlicht, zum Beispiel die Bücher:

- Sun Technical Publications: Readme First! A Style Guide for the Computer Industry. Mountain View: SunSoft Press, 1996.
- Microsoft Corporation: Die Windows-Oberfläche: Leitfaden zur Softwaregestaltung für Windows 95 und Windows NT. Unterschleißheim: Microsoft Press, 1995.

Programmcode und Ausgabetext in getrennten Modulen speichern!

Software für internationale Märkte muß sprachlich dem Zielmarkt angepaßt werden. Damit die Übersetzer nicht im Code nach Strings suchen müssen, die sie übersetzen, werden Texte für die Bildschirmausgabe in eigenen Modulen gespeichert. Diese Forderung einer guten Gestaltungsrichtlinie verhindert, daß versehentlich Teile des Codes übersetzt werden. Diese Gefahr droht besonders, wenn Entwickler sprechende Namen für Funktionen, Prozeduren, Variablen, Klassen usw. verwenden.

Weitere Informationen zu Wortwahl und Lokalisierung finden Sie in Kapitel 4.4.

Oft wird es auch sinnvoll sein, eine Terminologiedatenbank zu entwickeln oder auf dem Markt zu erwerben, um die Wortwahl unternehmensweit in möglichst vielen Sprachen zu pflegen und so auch Lokalisierung und Übersetzung zu unterstützen.

Gestaltung von Systemmeldungen

Neben der Wortwahl für die Menüs, Bildschirme etc. gehören Anweisungen für die Gestaltung von Systemmeldungen in die Richtlinie. Dazu gehören Warnungen vor Schäden, Hinweise auf Funktionsstörungen (Fehlermeldungen) und Informationen unterschiedlicher Art. Es ist üblich, Systemmeldungen zu numerieren.

Der Anwender möchte wissen,

- welcher Art die Meldung ist (Warnung, Funktionsstörung, Information)
- welche Konsequenzen drohen
- wie er an dieser Stelle handeln muß und
- wo er gegebenenfalls Hilfe erhält

Wie die Systemmeldungen tatsächlich aussehen, hängt oft von der Entwicklungsumgebung ab, die genutzt wird. Microsoft empfiehlt beispielsweise eines von drei Zeichen, um die Meldung zu klassifizieren:

 Information (z. B. Hinweise)

 Warnung (z. B. mögliche Datenverluste)

 Kritisch (z. B. Verbindungsstörung)

Normen und Richtlinien

Außer der Entwicklungsumgebung kann sich auch der Geltungsbereich von Normen und Richtlinien - etwa bei Maschinensteuerungen - auf die Gestaltung von Warnzeichen auswirken, z. B. die DIN 4844 „Sicherheitskennzeichnung". Die Gestaltungsrichtlinie eines Software-Unternehmens wird daher die Normen und Richtlinien berücksichtigen, die für die Produkte des Unternehmens gelten und deutliche Anweisungen für Systemmeldungen enthalten.

Situation des Anwenders berücksichtigen!

Weisen Sie in der Richtlinie den Entwickler vor allem auf die besondere Situation des Anwenders hin, der mit einer Systemmeldung konfrontiert ist, etwa so:

Der Anwender hat selten fundierte EDV-Kenntnisse.

- Vermeiden Sie Fachwörter, Fremdwörter und Entwicklerjargon!
- Schreiben Sie kurze Sätze!

Teilen Sie dem Anwender in der Systemmeldung mit,

- was passieren kann
- was passiert ist
- warum es passiert ist und
- welche Handlungsmöglichkeiten bestehen

4.3 Sprachregelungen in der Technikredaktion

Textbausteine

Sicherheitshinweise, Urheberrechtshinweise, Firmenanschriften, wiederkehrende Anweisungstexte und Glossare sind gute Kandidaten für Textbausteine, die manchmal auch respektlos „canned text" oder „Text in Tüten" genannt werden.

Vorsicht bei Texten aus alten Dokumenten!

Oft wird ein altes Dokument geöffnet, die benötigten Textpassagen werden kopiert und in ein neues Dokument eingesetzt. Diese Methode ist gefährlich, weil auch Textbausteine angepaßt werden müssen. Beim Kopieren und Einsetzen werden leicht Textkomponenten übernommen, die für das aktuelle Handbuch nicht zutreffen.

Textbausteine verwalten

Eine Gestaltungsrichtlinie sollte für den Bereich der Technikredaktion vorsehen, daß Textbausteine zentral verwaltet und bei Bedarf in Dokumente eingesetzt werden. In jedem Textbaustein müssen die Textteile, die gegebenenfalls angepaßt, ergänzt, ausgetauscht oder gelöscht werden müssen, durch Platzhalter („xyz"), Unterstreichung, kursiven Schriftschnitt o. ä. ausgezeichnet sein. Ein Beispiel zeigen die Zitate aus der Richtlinie der Firma Hartmann & Braun auf der folgenden Seite. Platzhalter sind übrigens leichter mit der Funktion „Suchen" zu finden und anzupassen als Formatierungen (z. B. kursiv).

Informationen über einen Textbaustein

Sie werden ihre Textbausteine öfter verändern müssen, um sie an neue Bedingungen anzupassen. Manchmal wird man Varianten schreiben und speichern, die nur in bestimmten Dokumenttypen eingesetzt werden können. Viele Textbausteine benötigen ergänzende Informationen, damit Technikredakteure sie schnell und richtig nutzen können, beispielsweise:

- Aufgabe (Name)
- Produkt
- Version
- Land
- Sprache
- Dokumenttyp
- erstellt von
- erstellt am
- letzte Änderung am
- letzte Änderung von

Beispiel: Sicherheitshinweise

„Jede Gebrauchsanweisung enthält die ‚Wichtigen Hinweise', die als Anlage beigefügt sind. Maximal- bzw. Minimalversion sind an den Gerätetyp (...) anzupassen.
Im ersten Abschnitt der ‚Wichtigen Hinweise' wird anstelle des kursiv geschriebenen Begriffes *des Gerätes* die vollständige Typbezeichnung des beschriebenen Gerätes eingesetzt. (...)
Satzanweisung:
im Rahmen, Überschrift 10 Punkt halbfett zentriert, 1 Leerzeile, Text 8,5 Punkt normal (...)"

(Hartmann & Braun: Richtlinien, 22. April 1993)

Maximalversion

Wichtige Hinweise zu Ihrer Sicherheit! Unbedingt lesen und beachten!

Der einwandfreie und sichere Betrieb *des Gerätes* setzt voraus, daß *es* sachgemäß transportiert und gelagert, fachgerecht installiert und inbetriebgenommen sowie bestimmungsgemäß bedient und sorgfältig instandgehalten wird.
An *dem Gerät* dürfen nur Personen arbeiten, die mit der Installation, Inbetriebnahme, Bedienung und Instandhaltung vergleichbarer Geräte vertraut sind und über die für ihre Tätigkeit erforderliche Qualifikation verfügen.
Zu beachten sind
- der Inhalt dieser Gebrauchsanweisung,
- die auf *dem Gerät* angebrachten Sicherheitsvorschriften (...)

Minimalversion

Wichtige Hinweise zu Ihrer Sicherheit! Unbedingt lesen und beachten!

Der einwandfreie und sichere Betrieb *des Gerätes* setzt voraus, daß *es* bestimmungsgemäß bedient und sorgfältig instandgehalten wird.
Mit *dem Gerät* dürfen nur Personen arbeiten. die mit der Bedienung und Instandhaltung vergleichbarer Geräte vertraut sind und über die für ihre Tätigkeit erforderliche Qualifikation verfügen. (...)

geeignetes Werkzeug: Datenbank

Für die Verwaltung dieser Informationen ist kein Werkzeug besser geeignet als eine Datenbank. Die eher traditionelle Form der Gestaltungsrichtlinie enthält den vollständigen Textbaustein in gedruckter Form, wie im Beispiel oben den Sicherheitshinweis. Zusätzlich listet sie den Namen der Datei, in der dieser Textbaustein enthalten ist. Wenn Tausende von Textbausteinen und Abbildungen verwaltet werden müssen, geht die Richtlinie nahtlos in ein elektronisches Werkzeug über, sie wird in ein Dokumenten-Management-System oder eine Datenbank integriert.

Wörter

Vier gute Gründe sollten Sie veranlassen, sich in der Gestaltungsrichtlinie ausgiebig mit den Wörtern zu beschäftigen, die in der Technikredaktion benutzt werden oder die verboten sind:

1. Das Ansehen des Produkts und des Herstellers wird auch von Wörtern geprägt.
2. Die Nutzung des falschen Wortes kann rechtliche Konsequenzen für Ihr Unternehmen haben.
3. Die einheitliche Wortwahl trägt zur Verständlichkeit der Texte bei und vermeidet Irritationen beim Leser.
4. Qualität und Kosten der Übersetzung hängen von einem durchgängigen und transparenten Wortgebrauch ab.

Wörter und das Ansehen des Produkts

„Problem"

Das Wort „Problem" wird von den meisten Menschen als sehr unangenehm empfunden. Obgleich dieses Wort so unbeliebt ist, gelangt es immer wieder auf sonderbaren Wegen in die Texte. Dort steht es und wird schließlich von jemandem gelesen, der es auch nicht mag und mit dem Produkt in Verbindung bringt. Sie wollen aber nicht, daß man Ihre Produkte mit Problemen in Verbindung bringt!

Liste der verbotenen Wörter

Die Lösung ist einfach: Die Gestaltungsrichtlinie setzt „Problem" in die Liste der verbotenen Wörter. Da steht es dann zusammen mit „Mangel", „Versager",

„Katastrophe“, „Elend“, „Jammer“, „defekt“, „kaputt“ und einigen anderen, die mit Ihren Produkten nichts zu tun haben. Verbotene Wörter kann man meistens vermeiden und durch andere ersetzen, die weniger negativ empfunden werden. Kann man solche Wörter nicht vermeiden, werden die Fälle klar beschrieben, in denen sie zu benutzen sind.

„Fehler“

Das Wort „Fehler“ ist ein Beispiel für solche Sonderfälle. Es wird oft leichtfertig benutzt, um ein Ereignis zu beschreiben, das von den Erwartungen abweicht: Der Benutzer handelt nicht den Vorgaben entsprechend (Bedienfehler, Eingabefehler, Benutzerfehler), oder die Maschine/Software verhält sich irregulär.

> Wir vermeiden die Wörter „Fehler“ und „defekt“. An ihrer Stelle beschreiben wir, worin die Abweichung oder Störung besteht: „Die Datei xyz ist nicht an dem angegebenen Platz“, „der Server antwortet nicht“ usw.

emotionale Wirkung von Wörtern

Die Wortwahl hat erheblichen Einfluß auf den Erfolg oder Mißerfolg Ihrer Texte: „Worte erzeugen Wirkungen, können emotionale Impulse auslösen. Inhalt und Klangfärbung lösen positive oder negative Assoziationen aus. So wirken Wörter mit den Vorsilben sym-, syn-, gut-, ideal- oder wohl- positiv. Wörter mit Silben wie ab-, anti-, dis-, ex-, fehl-, irr-, miß-, un-, weg- und zer- oder mit der Endung -los klingen negativ.“ (Förster: Corporate Wording, S.124)

Von Technikredakteuren wird Sprachgefühl verlangt, damit ihre Texte dem Ansehen des Produktes dienen, aber auch nicht ihre Glaubwürdigkeit einbüßen und in eine aufdringliche Schönschreibe entgleiten. Die Gestaltungsrichtlinie darf die Technikredakteure nicht ermutigen, den Bogen zu überspannen.

Prinzipien der kooperativen Kommunikation

Als Orientierungshilfe kann die Richtlinie auf die Prinzipien für eine kooperative Kommunikation nach H. P. Grice verweisen:

Quantitätsprinzipien:	Gestalte den Text so informativ, wie es (für die jeweiligen Zwecke) erforderlich ist! Mache ihn nicht informativer als erforderlich!
Qualitätsprinzipien:	Versuche deinen Text wahrheitsgemäß zu machen! • Sage nichts, wovon du glaubst, es sei unwahr! • Sage nichts, wofür du keinen angemessenen Nachweis hast!
Relevanzprinzip:	Bleib beim Wesentlichen!
Ausdrucksprinzipien:	Schreibe klar und deutlich! • Vermeide verhüllende Ausdrucksweisen! • Vermeide Mehrdeutigkeit! • Fasse dich kurz! Vermeide unnötige Weitschweifigkeit! • Schreibe wohlgeordnet, planvoll, konsequent!

Gricesche Prinzipien der kooperativen Kommunikation nach: von Polenz, Peter: Deutsche Satzsemantik. Grundbegriffe des Zwischen-den-Zeilen-Lesens. Berlin, New York: de Gruyter, 1985.

Nichtssagende Worthülsen, Blähwörter, Aufschneiderei und Texte, die den Kunden in die Irre führen können („diese Funktionalität ist gegenwärtig noch nicht freigeschaltet“) verbieten sich, wenn Autoren den Griceschen Prinzipien folgen.

Blähwörter listet Wolfram W. Pichler: Qualitätsanleitungen, S.41 ff. Gute Beispiele finden sich auch in den Büchern von Wolf Schneider, etwa: Deutsch für Profis – Wege zu gutem Stil. München: Goldmann, 1986.

Rechtliche Konsequenzen

In rechtlichen Streitfällen kann länderspezifisch sehr wohl auch die Wortwahl des Herstellers nach juristischen Kriterien überprüft werden:

> „Insbesondere in Fällen der Produzentenhaftung können leichtfertig formulierte Begriffe möglicherweise zu Mißverständnissen führen. Eine Reihe von Wörtern könnte bei einer rechtlichen Auseinandersetzung als Zugeständnis eines (systematischen) Fehlers ausgelegt werden. Insbesondere wertende Begriffe wie: alt, neu, verbessert etc. bieten Zündstoff."
>
> (Volkswagen AG: Redaktionsleitfaden, S. 5–26.)

Neben den Wörtern „verbessert", „neu" und „alt" kommen auch aus diesem Grund Wörter wie „Defekt", „Problem", „Mangel", „Versager" auf den Index der Gestaltungsrichtlinie.

Wörter könnten auch in positivem Sinne mißverständlich sein und fatale juristische Folgen nach sich ziehen: Der Sicherheitsgurt gewährt beispielsweise keine Sicherheit. Die Bezeichnung ist irreführend und wurde aus diesem Grund von der Kraftfahrzeugindustrie durch „Rückhaltegurt" ersetzt.

Einheitliche Wortwahl

einheitliche Wortwahl in der Technikdokumentation

Verständliche Technikdokumente setzen eine einheitliche Wortwahl voraus. Daß für jeden Gegenstand immer die gleiche Bezeichnung verwandt wird, weiß jeder Technikredakteur. Wenn in der Gebrauchsanleitung „Bildschirm" steht, wird dieses Wort niemals durch „Monitor", „Screen" o. ä. ersetzt.

Wortliste

Um der Redaktion die Arbeit zu erleichtern, kann es sinnvoll sein, daß die Gestaltungsrichtlinie eine Wortliste enthält. Diese Wortliste muß mit der Liste für die Entwickler abgeglichen werden. Sie ist auch in der Terminologiedatenbank oder vergleichbaren Programmen enthalten, wenn Ihr Unternehmen solche Werkzeuge nutzt.

Fachwörter, Abkürzungen

Auch viele Fachwörter und Abkürzungen, die in der Fachliteratur mitunter uneinheitlich benutzt werden, müssen in den Dokumentationen Ihres Unternehmens in Verwendung und Schreibweise vereinheitlicht werden.

Festlegungen in Normen

Oft wird die Wortwahl durch Normen empfohlen oder festgelegt, beispielsweise in der DIN 31 051 „Instandhaltung, Begriffe und Maßnahmen". Überprüfen Sie, in welchen Bereichen für Ihre Produkte solche Festlegungen getroffen wurden. Die Gestaltungsrichtlinie muß auf diese Normen verweisen, damit die Begriffe einheitlich benutzt und in der Terminologiedatenbank oder einem ähnlichen Werkzeug vorgehalten werden können. Wenn Sie während der Recherche auf häufige Fehlanwendungen von Begriffen stoßen, fügen Sie besser einen Abschnitt in die Richtlinie ein, der auf solche Abweichungen aufmerksam macht.

Formeln und Einheiten

Vergleichbar verfährt die Richtlinie auch mit Formeln und Einheiten. Legen Sie für die gebräuchlichsten Einheiten und Formelschreibweisen auch eine Beispielliste an. Das Lesen der Normen kann viel Zeit beanspruchen, die Redakteure meist nicht haben. Wenn Ihre Richtlinie einen kurzen Überblick als Datei oder Ausdruck zur Verfügung stellt, können falsche Schreibweisen leichter vermieden werden als durch bloße Verweise auf die Norm.

Qualität und Kosten der Übersetzung

je besser die Vorlage, desto besser die Übersetzung

Entwicklung und Technikredaktion liefern die Vorlagen für Übersetzer. Wenn es gelingt, die Wortwahl in Terminologielisten - besser: in Datenbanken - festzulegen und zu pflegen, wird die Qualität der Übersetzungen zwangsläufig besser; es geht schneller und ist damit auch preisgünstiger.

4.4 Texten für internationale Märkte

Drei Konzepte und Verfahrensweisen wenden Unternehmen an, um ihre Produkte sprachlich für den Weltmarkt oder wenigstens für den europäischen Binnenmarkt anzupassen. Diese Konzepte überschneiden sich und lassen sich nicht wirklich voneinander trennen:

- Übersetzung
- Lokalisierung
- Internationalisierung

Übersetzung

Die Übersetzung ist der klassische Weg: Dokumente, Geräteaufschriften usw. werden in deutscher Sprache geschrieben und von einem Übersetzungsbüro, Freiberuflern oder angestellten Übersetzern in die Zielsprache übertragen.

Lokalisierung

Anspruchsvoller ist die Lokalisierung: Sie begnügt sich nicht mit der Übersetzung, sondern sie paßt Text und Bild den rechtlichen, sprachlichen und kulturellen Erfordernissen des Zielmarktes an.

Internationalisierung

Unter Internationalisierung versteht man in diesem Zusammenhang, Produkte so zu gestalten, daß sie mit möglichst geringem Aufwand lokalisiert werden können.

weitere Informationen zu Fragen der Lokalisierung: LISA

Lokalisierung und Internationalisierung sind Konzepte neueren Datums. Leserinnen und Leser, die weitere Informationen zu diesem Thema suchen, seien an die Localisation Industry Standards Association (LISA) verwiesen, einen Zusammenschluß von Unternehmen, die Dienstleistungen in der Lokalisierung anbieten oder aber durch ihre Weltmarktposition auf solche Dienstleistungen angewiesen sind:

LISA
7 Route du Monastere
CH - 1173 Fechy
Telefon +41 21 821 3210
Telefax +41 21 821 3219
Internet http://www.lisa.unige.ch/

Übersetzungen und Lokalisierungen

Im Bereich der Übersetzung und Lokalisierung kann die Gestaltungsrichtlinie erhebliche Kosten einsparen und die Qualität verbessern. Das Ziel der Richtlinie muß sein, den Übersetzern und Lokalisierern so wenig überflüssige Arbeit wie nur irgend möglich zu bereiten. Gleichzeitig muß sie die Mitarbeiter des eigenen Hauses bei der Zusammenarbeit mit diesen Fachleuten unterstützen. Dazu trifft sie Aussagen über die Textgestaltung, Bildgestaltung, das Dokumenten- und das Projektmanagement, wie die folgenden:

Die Richtlinie legt fest, wo internationale Standards und Normen archiviert sind.

Standards und Normen

- Besorgen Sie sich rechtzeitig Standards und Normen des Ziellandes. Berücksichtigen Sie diese Normen und andere Regeln, die für die tägliche Kommunikation gelten (Dezimalpunkt oder Komma, Postleitzahlen usw.).
- Denken Sie daran, daß Datumsangaben und Uhrzeiten unterschiedlich geschrieben werden.
- Wenn Anschriften in Ihren Texten enthalten sind: Schreiben Sie die vollständigen Anschriften mit den internationalen Telefonnummern (+49 511 92 96-0).

Beispiele

- Wählen Sie Beispiele, die man möglichst überall nachvollziehen kann. Es gibt nicht überall auf der Welt S-Bahnen, Profifußballer, Bausparverträge und Currywürste.
- Vermeiden Sie örtliche Beispiele, die außerhalb Deutschlands unbekannt sind. Verwenden Sie beispielsweise Städte, die man weltweit kennt: Berlin, New York, Paris, London.
- Benutzen Sie in Beispielen keine Markennamen, auch nicht die bekannte Hausnummer aus Köln, die üblicherweise als Synonym für Kölnisch Wasser gewählt wird.

- Verwenden Sie niemals Personennamen von Kollegen und Kolleginnen, um Ihre Beispiele zu illustrieren.
- Benutzen Sie in Beispielen keine Hinweise auf politische Parteien und Persönlichkeiten des öffentlichen Lebens (Schauspieler, Politiker, Musiker ...).

Nation, Religion, Sex

- Achten Sie auf nationale Empfindlichkeiten. Schreiben Sie beispielsweise nicht „England" oder „Großbritannien", wenn Sie das „Vereinigte Königreich" meinen.
- Vermeiden Sie Humor und Ironie!
- Vorsicht bei Feiertagen!
- Berücksichtigen Sie mögliche religiöse oder kulturelle Gebote.
- Keine Beispiele mit Alkohol, Sex oder Drogen!

Übersetzungen, Lokalisierungen

- Denken Sie daran, daß Übersetzungen eine andere Textlänge benötigen. Planen Sie das Layout entsprechend variabel.
- Planen Sie für das Projektmanagement rechtzeitig einen muttersprachlichen Korrekturleser ein.
- Erstellen Sie mindestens eine Liste mit Fachwörtern, produktspezifischen Ausdrücken und unternehmenstypischen Wortverwendungen (mit Kontext) für Ihr Dokument.
- Suchen Sie die dauerhafte Zusammenarbeit mit einer Übersetzungs- oder Lokalisierungsagentur. Lassen Sie sich eventuell garantieren, daß nicht unterschiedliche Übersetzer an einem Text arbeiten, wenn das nicht wegen des Umfangs oder aus Zeitdruck erforderlich ist.
- Verlangen Sie einen Übersetzer, dessen Muttersprache die Zielsprache ist.

Eine gute Zusammenfassung dieses Themas finden Sie in: Göpferich, Susanne: Interkulturelles Technical Writing. Fachliches adressatengerecht vermitteln. Ein Lehr- und Arbeitsbuch. Tübingen: Narr, 1998, S. 283 - 339.

Software-Unternehmen, die für Produkte der Firma Microsoft entwickeln, werden im Anhang der „Windows-Oberfläche“ 257 Wörter finden, die in 25 Sprachversionen übersetzt sind, von A wie Arabisch bis T wie Tschechisch: Info, Zuweisen, Zurück, Abbrechen, Verknüpfung einfügen, Beenden ... (Microsoft Corporation: Die Windows-Oberfläche, S. 440 - 493)

Diese Komponente der Gestaltungsrichtlinie - Listen mit Wörtern und Wortübersetzungen - wird man eher in elektronischer Form als Datenbankanwendung vorhalten als in Ringbüchern o. ä.

beste Lösung: Terminologiedatenbank

Die beste Lösung ist es, wenn Sie eine Terminologiedatenbank entwickeln oder einkaufen und pflegen. Erörtern Sie die Fragen zu Softwarelösungen, besonders auch zum Datenaustausch, mit mehreren Lokalisierungsagenturen und vergleichen Sie deren Leistungsspektrum auch dann, wenn die ersten Schritte auf internationalen Märkten noch recht zaghaft sind. Wenn sich erste Verbindungen zu einem Dienstleister auf diesem Gebiet ergeben haben, fällt der Vergleich mit den Leistungen anderer und der Wechsel meist schwer.

Kontrollierte Sprache

umstrittener Ansatz

Dieser Ansatz ist in Deutschland noch Zukunftsmusik. Man versteht unter kontrollierter Sprache Regelwerke für die Sprache in der Technikdokumentation. Sie enthalten Wortlisten und Satzbauanweisungen, denen die Autoren zwingend folgen müssen. Dieses Konzept kann die Übersetzungskosten erheblich reduzieren, ist allerdings - nicht nur in Deutschland - noch umstritten.

Anwendungsbeispiele

Die erste Version einer kontrollierten Sprache wurde 1971 von der Caterpillar Tractor Company genutzt: Caterpillar Fundamental English (CFE). Andere Firmen, die ähnliche Sprachen nutzen, sind: Kodak, Rank Xerox, Ericsson, ITT, NCR, IBM und DEC (nach Heuler: Kontrollierte Sprache). Bekannt ist vor allem die Sprachversion der Association Européene des Constructeurs de Matériel Aerospatial (AECMA), deren Simplified English für die Luftfahrtindustrie vorgeschrieben ist.

in Zukunft: Kern einer Gestaltungsrichtlinie?

Wenn dieser Ansatz in ferner Zukunft seine Kritiker auch in Deutschland überzeugen sollte, wird kontrollierte Sprache den Kern einer Gestaltungsrichtlinie für die Technikredaktion in deutschen Großunternehmen bilden.

Leserinnen und Leser, die sich über dieses wichtige Thema informieren wollen, finden in den Texten von Martina Heuler kurze und gute Einführungen; Anne Lehrndorfer erörtert den Stand der wissenschaftlichen Forschung:

Heuler, Martina:

- Kontrollierte Sprache. tekom nachrichten 4 (1993), S. 13 - 15.
- Kontrollierte Sprache in der technischen Dokumentation. In: Tagungsband tekom-Herbsttagung, 1993.
- Prinzipien sprachlicher Vereinfachung in der technischen Dokumentation am Beispiel des Englischen. tekom nachrichten 1 (1990), S. 40 - 43.

Lehrndorfer, Anne:

- Forschungsprojekt zum „Kontrollierten Deutsch" an der Universität München. tekom nachrichten 2 (1992), S. 30 - 32.
- Kontrollierte Sprache für die Technische Dokumentation - Ein Ansatz für das Deutsche. In: Krings, H. P., Wissenschaftliche Grundlagen der Technischen Kommunikation. Tübingen: Narr, 1996, S. 339 - 368.
- Kontrolliertes Deutsch. Linguistische und sprachpsychologische Leitlinien für eine (maschinell) kontrollierte Sprache in der Technischen Dokumentation. Tübingen: Narr, 1996.

5 Visualisierungen

Grafiken, Abbildungen oder Fotos erfüllen unterschiedliche Aufgaben: Sie

- dienen als künstlerische Gestaltungselemente
- unterhalten den Betrachter oder
- haben eine Funktion als Informationsträger

Bei künstlerischer und unterhaltender Funktion: Dienstleister beauftragen.

Sowohl die künstlerische als auch die unterhaltende Funktion wird in einer Gestaltungsrichtlinie üblicherweise nicht berücksichtigt. Wenn auch Kunst und Unterhaltung Gegenstände Ihrer Gestaltungsrichtlinie werden müssen, etwa für Marketingunterlagen oder Animationen in Multimedia-Dokumenten, sollten Sie Dienstleister beauftragen, die darauf spezialisiert sind.

5.1 Welche Visualisierungen werden verwandt?

Fotos, Zeichnungen und Tabellen sind die am meisten gebrauchten Instrumente, um den Text durch zusätzliche Information zu unterstützen, das Dokument verständlicher zu gestalten.

Fotos und fotorealistische Abbildungen

Früher hätte man sich mit dem Ausdruck „Fotografie“ begnügen können. Die Technik ermöglicht heute Verfahren, die der Fotografie ähnlich sind, sich aber dennoch von ihr unterscheiden.

Unikate dokumentieren

Im Sondermaschinenbau stehen Technikredakteure oft vor der Aufgabe, Unikate zu dokumentieren. Leicht werden Hunderte von Abbildungen benötigt, die die Kosten der Dokumentation unerträglich in die Höhe trieben und inakzeptablen Zeitaufwand erforderten, ließe man sie von Grafikern entwickeln.

Foto oder Video

Die Lösung ist die (digitale) Fotografie oder die Videoaufnahme, aus der in der redaktionellen Bearbeitung das Foto herausgelöst und in die Dokumentation übernommen werden kann.

In diese Prozesse kann eine Richtlinie vorläufig kaum gestaltend eingreifen, weil sie sich noch immer rasend schnell weiterentwickeln, wenngleich sich auch einige Verfahren schon bewährt haben. Zum Erscheinungstermin dieses Buches werden die ersten Digitalkameras auf dem Markt angeboten, deren Preis-/Leistungsverhältnis die Arbeit mit Videoaufnahmen ablösen könnte.

Redakteur als Fotograf

Der Trend könnte auch in diesem Bereich wegweisen von einem klassischen Berufsbild: dem des Fotografen. Häufiger werden dann Textredakteure auch die Fotografie übernehmen, wie sie ja oft genug auch die grafische Gestaltung des Dokuments übernehmen.

Die Richtlinie dokumentiert die Verfahren.

Für diesen Fall kann die Protokollierung des Wissens und der Verfahren, die durch Versuch und Irrtum entstanden sind, Teil der Gestaltungsrichtlinie werden. Sie wollen schließlich auch dann eine Maschine dokumentieren können, wenn der in der Fotografie erfahrene Mitarbeiter nicht zur Verfügung steht. Wenn dann die ganze Technik der Digitalfotografie, des Ausleuchtens, vielleicht auch der Nachbearbeitung völlig neu erlernt werde müßte, hätte das fatale Auswirkungen auf den Preis der Dokumentation.

Informationen über die Technik finden interessierte Leserinnen und Leser in:

- Geidel, Michael: Digitalfotografie im Sondermaschinenbau: Bilder ohne Umweg. tekom nachrichten 3 (1998), S. 14 - 17.
- Geisler, Wolfram: Grafiken vom Videoband in Betriebsanleitungen einsetzen. In: Tagungsband tekom-Frühjahrstagung, 1998, S. 165 - 167.
- Thiele, Ulrich: Technikfotografie: Ein Ratgeber für Redakteure und Entscheidungsträger. doculine print news 3 (1998), S. 14 - 17.

Zeichnungen

Text unterstützen

Zeichnungen werden genutzt, weil sie den Text unterstützen. Sie helfen beim Verständnis des Textes oder visualisieren Zusammenhänge, die mit sprachlichen Mitteln kaum vergleichbar elegant veranschaulicht werden können. Sie sind an einigen Stellen folglich hilfreich, an anderen eher lästig, manchmal stören Abbildungen den Lesefluß.

Einige Richtlinien geben deswegen auch Anhaltspunkte, wann man eine Zeichnung einsetzen kann und wann man es besser unterläßt. Ein Beispiel:

„Bilder eignen sich:

- zur Identifikation von Produkten, Teilen etc.
- um einen räumlichen Überblick zu schaffen
- zur Orientierung
- um den Anwender zu leiten
- für Übersichten
- um Zusammenhänge zu erklären
- um Arbeitsabläufe zu beschreiben
- um Beispiele zu zeigen
- um Informationen zu verdichten
- um Verdecktes zu zeigen
- um zu motivieren (auflockernde Wirkung)
- um Text zu ergänzen, verständlicher zu machen
- um Worte zu ersetzen
- um zu warnen
- um schnellen Einblick in Funktionsweisen zu bieten; z. B. Schaltpläne, Diagramme, Piktogramme

Bilder eignen sich nicht so gut:

- um Aussagen zu verneinen
- um Handlungen zu zeigen
- um abstrakte Begriffe zu vermitteln
- um Aussagen zu verknüpfen“

(Volkswagen AG: Redaktionsleitfaden, S. 6–3.)

Diese ausführliche Liste dient sicher auch dem Anlernen neuer Technikredakteure, eine kürzere Version bietet die Richtlinie der Sun Microsystems:

> „Illustrationen sind am effektivsten in der Beschreibung von:
>
> | | |
> |---|---|
> | Objekten | Hardware, Icons und Bildschirme |
> | Aktionen | Komponenten hinzufügen oder entfernen, Interaktionen zwischen Teilen, die sich bewegen |
> | Prozessen | Flußdiagramme, Schaubilder, Mengen |
> | Konzepten | Entwürfe, Pläne und Hypertextstrukturen“ |
>
> (Sun Technical Publications: Readme First, S. 17, Übersetzung A.B.)

Tabellen

Informationen übersichtlich präsentieren ...

Tabellen sind hervorragend geeignet, um Informationen übersichtlich geordnet zu präsentieren. Sie werden aber auch aus anderen Gründen genutzt: Oft reicht die Zeit nicht für eine genaue Überprüfung, nach welchen Informationen der Leser suchen wird. Um nicht irgendetwas zu vergessen, werden als Ausgleich Tabellen und Listen eingefügt. Es ist widersinnig, eine Tabelle so zu nutzen, der Leser wird darauf verwirrt und unzufrieden reagieren.

... aber kein Ersatz für die redaktionelle Bearbeitung von Informationen

Wenn Ihre Recherche ergibt, daß Tabellen als Verlegenheitslösungen eingesetzt werden, kann die Richtlinie einen Hinweis auf den korrekten Gebrauch enthalten, etwa:

> Tabellen werden ausschließlich genutzt, um Zusammenhänge in einer Übersicht zu präsentieren. Nur in begründeten Ausnahmen darf die Tabelle den Umfang des halben Satzspiegels überragen.

5.2 Wer erstellt Zeichnungen, Fotos und Tabellen?

Moderne Softwaresysteme und der Einsatz umfangreicher Kataloge mit Grafiken gestatten weitgehend, daß auch Redakteure, die vorrangig im Textbereich arbeiten, sehr gute Grafiken in angemessener Zeit produzieren.

Redakteur oder Grafiker

Vergleichbar den Fotos werden also auch Grafiken von Mitarbeitern entwickelt, die darin keine berufliche Ausbildung haben. Gleichzeitig steht außer Frage, daß Aufträge an externe Dienstleister gegeben werden müssen, wenn die Anforderungen steigen und/oder das Zeitbudget keine andere Wahl läßt.

Wann müssen Dienstleister beauftragt werden?

Ihre Gestaltungsrichtlinie muß dazu eventuell Aussagen enthalten, wenn Sie während der Recherche feststellen, daß Visualisierungen qualitativ schlecht sind oder unangemessen viel Zeit beanspruchen. Mögliche Aussagen wären:

Im Haus werden ausschließlich grafische Arbeiten erledigt, wenn

- geringfügige Änderungen an vorhandenen Zeichnungen vonnöten sind
- die Grafik nicht mehr als 10 Elemente enthält

Eine einfache Methode zum Erstellen von Grafiken zeigt Pichler, Wolfram W.: Illustrieren leichtgemacht: Bildkonzeptionen bei knappem Budget. In: Technische Dokumentation optimieren. Raabe: Stuttgart 1994 ff., Beitrag D 4.1.

5.3 Formate und Kataloge

Formate

Überlassen Sie es nicht dem Zufall oder den Vorlieben der Mitarbeiter, in welchen Formaten Grafiken abgespeichert werden. Während der Recherche für eine Gestaltungsrichtlinie werden alle, die Visualisierungen erzeugen, befragt, in welchen Formaten sie Grafiken speichern. Wenn schon Festlegungen getroffen wurden, fragen Sie danach, ob andere Grafikformate bevorzugt würden, wenn das möglich wäre.

Die gemeinsame Nutzung von Grafiken ist aufwendig, wenn unterschiedliche Software, etwa CAD-Systeme unter Unix, DTP-Systeme unter Windows und/oder Macintosh genutzt werden müssen.

Konvertierung regeln

Einige Gestaltungsrichtlinien beschäftigen sich ausführlich damit, wie Zeichnungen von einem System in ein anderes übernommen werden können. Schritt für Schritt wird erklärt, welche Konvertierungssoftware unter welchen Bedingungen eingesetzt werden muß. Die Richtlinie ist in diesem Fall eine einfache Gebrauchsanleitung, der die Anwender folgen müssen.

Beispiel:
CAD –> Corel Draw

Ein Beispiel: Die Richtlinie der Schenck Process AG behandelt ausführlich, wie Zeichnungen aus einem der drei in den Konstruktionsabteilungen für Mechanik und Elektrik genutzten CAD-Systeme in Corel Draw übernommen werden können. Diese Aufgabe ist einmal und damit für immer gelöst, was dazu führen könnte, daß Redakteure sich dieses Instruments öfter bedienen könnten, als absolut nötig ist. Deswegen der Hinweis:

> „Eine Konstruktionszeichnung ist nur in seltenen Fällen geeignet für eine direkte Einbindung in die Dokumentation. Um ‚verständliche' und ‚anschauliche' Dokumentation zu erstellen, ist eine Nachbearbeitung bzw. *Aufbereitung der CAD-Daten innerhalb der Doku-Gruppen mit den entsprechenden DTP-Werkzeugen dringend zu empfehlen.*"
>
> (Carl Schenck AG: Technische Dokumentation, DTP-Info 1/95, S.1.)

Kataloge

Gelegentlich bereitet die Ablage und das Auffinden von Zeichnungen Schwierigkeiten. Tausende Zeichnungen liegen irgendwo auf Festplatten herum, und es geht manchmal schneller, eine Zeichnung neu anzufertigen als auf eine existierende zurückzugreifen. In diesem Fall kann die Richtlinie Abhilfe schaffen und den Umgang mit Zeichnungen verbindlich klären.

Zeichnungen mit einer Datenbank verwalten

Zeichnungen werden beispielsweise unter Nummern gespeichert und auf einem Server vorgehalten. Auch für die Verwaltung dieser Dateien können Sie sich die Arbeit mit einer Datenbank merklich erleichtern. Wenn Sie für jede Zeichnung einen Datensatz anlegen, kann der Primärschlüssel, die „laufende Nummer" des Datensatzes, gleichzeitig als Dateiname dienen. Alle wichtigen Informationen über die Zeichnung werden in diesen Datensatz eingetragen oder über Verknüpfungen hergestellt.

Die Gestaltungsrichtlinie kann ein Ablagesystem empfehlen, das es den Mitarbeitern erleichtert, in den vorhandenen Beständen Lösungen für neue Visualisierungen zu finden.

alternativ: Papier

Wenn Ihnen kein Dokumenten-Management-System zur Verfügung steht, das diese Aufgabe übernehmen kann und vorerst auch keine Datenbanklösung in Sicht ist, wird es ganz ohne Papier leider nicht gehen: Jede Zeichnung, die in einem freigegebenen Dokument enthalten ist, wird mit Namen auf ein Blatt ausgedruckt und nach sinnvollen Ordnungskriterien in Ordnern abgelegt. Ergänzend kann die Richtlinie ein Formular zur Verfügung stellen, in dem für jedes Dokumentationsprojekt Seitenzahlen und die Dateinamen der Zeichnungen auf der jeweiligen Seite gelistet werden. So können Mitarbeiter leicht auf bewährte Lösungen zugreifen.

Dateinamen von Bildern im Dokument

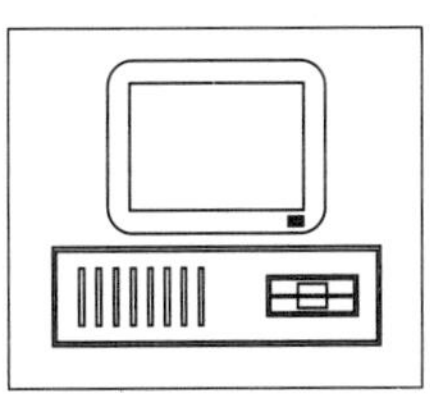

01736 04

Der Weg sollte natürlich auch in anderer Richtung offen sein: Wenn der Redakteur eine Zeichnung in einem Dokument sieht und ihren Namen wissen möchte, kann der Name der Datei im Dokument neben den Bildrahmen gesetzt werden wie im nebenstehenden Beispiel.

Verzeichnisse für Illustrationen und Piktogramme

Wenn es auch in Ihrem Unternehmen sinnvoll ist, zwischen Illustrationen in Dokumenten und Piktogrammen zu unterscheiden, werden Sie vielleicht auf dem Server einen eigenen Verzeichnisbaum für Piktogramme einrichten. Ähnlich kann man auch mit einigen Illustrationen verfahren, die sich über längere Zeiträume nicht ändern und häufig genutzt werden können, z. B. Abbildungen von Computern, Monitoren, Tastaturen o. ä.

Vorsicht bei alten Zeichnungen!

In der Hitze des Gefechts wird schnell eine Zeichnung aus dem Handbuch der Vorgängerversion vom Server geladen, geändert, gespeichert und in das neue Dokument eingebunden. Wenn dann aus irgendwelchen Gründen die Dokumentation dieser Vorgängerversion noch einmal geladen und ausgedruckt werden muß, ist die Überraschung groß. Vor solchen Ärgernissen kann die Richtlinie schützen, wenn sie eindeutige Regeln für den Umgang mit den Dateien festlegt, wie diese:

Umgang mit Grafikdateien

Jede Zeichnung nur an einem Arbeitsplatz verändern!

- Zeichnungen in Arbeit werden mit Schreibschutz versehen oder nur auf dem lokalen Rechner des Redakteurs vorgehalten: Jede Datei darf nur von einem Mitarbeiter mit Schreibberechtigung genutzt werden!

Keine Veränderung nach der Freigabe!

- Nach der Freigabe sind sämtliche Zeichnungen des Dokuments geschützt. Redakteure dürfen sie nur als Kopie, niemals als Original auf den Rechner laden.

Nach Veränderung alter Zeichnungen neuer Dateiname!

- Wird eine Zeichnung verändert, die in einem anderen Dokument unverändert enthalten bleibt, erhält sie einen neuen Dateinamen oder einen Namenszusatz, der sie als eine veränderte Version des Originals kennzeichnet: 02910 11 ist die 11. Version der Zeichnung 02910.

Piktogramme nie verändern!

- Piktogramme werden ohne Kennzeichnung in das Dokument eingebunden. Sie dürfen von Redakteuren nie verändert werden!

5.4 Zeichnungen anfertigen

Welche Zeichnungen in Ihrem Haus von Mitarbeitern ohne Grafikerausbildung angefertigt werden dürfen, hat die Richtlinie mehr oder weniger festgelegt. Nun geht es um einige Grundlagen, die diejenigen Mitarbeiter einhalten müssen, die sich an Zeichnungen wagen.

Welches Programm für welchen Zweck?

Vielleicht haben Sie in der Recherche festgestellt, daß unterschiedliche Programme genutzt werden, die nicht einmal zueinander kompatible Dateiformate abspeichern können. Wenn das der Fall ist, sollte die Richtlinie eine Auswahl treffen und festlegen, welche Programme zu welchem Zweck eingesetzt werden. An manchem Arbeitsplatz werden Stunden vergeudet, um das Grafikformat aus einer Niederlassung, von einem freien Mitarbeiter oder aus anderen Quellen zu konvertieren und nutzbar zu machen.

Vorlagen

Da die Zeichnungen in den vorhandenen Gestaltungsraster eingepaßt werden müssen, legt die Richtlinie die möglichen Größen der Grafiken fest. Für einige Zeichenprogramme können - ähnlich den Dokumentvorlagen in der Textverarbeitung - Vorlagen eingerichtet werden. Die Redakteure müssen dann beim Anlegen einer neuen Datei nicht mehr über Bemaßungen, Schriften usw. nachdenken, sie können sofort mit der Arbeit beginnen.

Namen und Verwendungszweck

Wenn Sie Vorlagen nutzen können, muß die Richtlinie nur noch die Namen der Vorlagen und den Verwendungszweck listen. Die folgende Abbildung zeigt ein Beispiel aus Corel Draw 5.0:

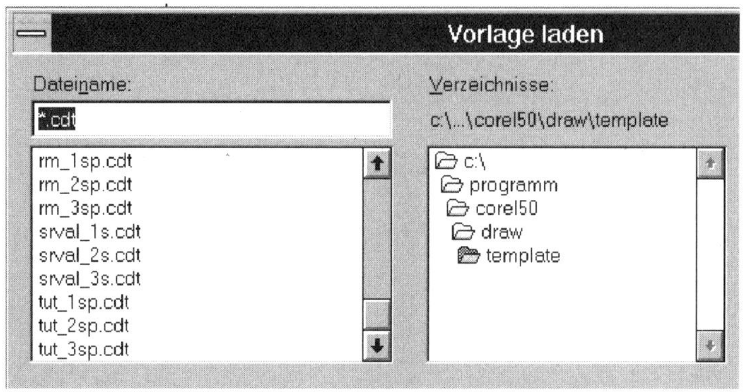

rm_1sp.cdt: einspaltig Referenzhandbuch
rm_2sp.cdt: zweispaltig Referenzhandbuch
...

Die Gestaltungsrichtlinie gibt an, welche Vorlagen eines Grafikprogramms für welchen Zweck genutzt werden.

Raster und Strichdicken

Einige Richtlinien regeln,

- welche Strichdicken für welchen Zweck genutzt werden dürfen
- ob perspektivische Zeichnungen zulässig sind
- welche Rasterdichten gestattet sind und
- wie unterschiedliche Rasterdichten miteinander kombiniert werden dürfen

Regeln für Grafiken

Das Ziel solcher Regelungen, die auf den ersten Blick als bürokratische Überreaktion empfunden werden könnten, ist das einheitliche Erscheinungsbild der Dokumente. Wenn diese Regelungen fehlten, könnte der geübte Leser an den Grafiken in einzelnen Kapiteln eines Dokuments erkennen, ob sie von unterschiedlichen Redakteuren bearbeitet wurden!

Rahmen um Bilder

Prinzipiell einrahmen?

Wenn Sie sich entscheiden, zumindest in ausgewählten Dokumenttypen Bilder prinzipiell einzurahmen, fördert das eine durchgängige Gestaltung der Dokumente. Ein Beispiel:

> „• Bilder werden grundsätzlich in Rahmen gestellt. Dies hat folgende wesentliche Vorteile:
>   - Die Positionierung des Bildes in der Spalte/auf der Seite ist einfacher.
>   - Kleine Bilder gewinnen an Größe und Halt in der Spalte/auf der Seite.
>   - Die Bildunterschrift wird eindeutig an das Bild gebunden und damit leichter lokalisierbar.
>
> • Nicht in Rahmen gestellt werden ‚Minibilder' wie z.B. Darstellungen von Steckbrücken-Einstellungen.
>
> • Durch die Einrahmung werden die Bilder optisch den Tabellen angeglichen; dies kommt auch dadurch zum Ausdruck, daß Bild- und Tabellenunterschriften in derselben Weise gesetzt werden (...).
>
> • Rahmen, die in Spalten oder auf gegenüberliegenden Seiten nebeneinander stehen, sollen gleich groß sein - auch wenn die Bilder unterschiedliche Größe haben. Zumindest sollen der obere oder der untere Rand nebeneinanderstehender Bilder auf derselben Höhe stehen. Dies gilt auch für den Fall, daß ein Bild und eine Tabelle nebeneinanderstehen."
>
> (Hartmann & Braun: Richtlinien, 5. Mai 1993)

Beschriftungen in Bildern und Bezugslinien

unerwünscht: Beschriftungen im Bild

In Bildern sind Beschriftungen meist unerwünscht, weil auch diese Beschriftungen übersetzt werden müßten. Solche Übersetzungen innerhalb eines Bildes werden gefürchtet, weil

- die Übersetzer dazu das Bild in die Bildbearbeitungssoftware - mit der sie eventuell ungeübt sind - laden müssen und
- die Länge des Textes im Bild von der Sprache abhängt: Englische Texte sind vergleichsweise kurz, spanische sehr lang. Oft würde der Platz nicht reichen.

Bezugslinien und Nummern

Die Lösung ist, die Positionen im Bild zu numerieren und in einer ausführlichen Legende die Nummern zu erklären. Als Regeln für den Umgang mit den Bezugslinien und Nummern kann die Richtlinie folgendes festlegen:

- Die Nummern werden im Uhrzeigersinn angeordnet.
- Bezugslinien dürfen sich nicht kreuzen.
- Bezugslinien dürfen nicht über zu viele Bauteile gehen.
- Die Liniendicke ist 0,5 Punkt.
- Die Nummern werden gesetzt in einer Helvetica halbfett.

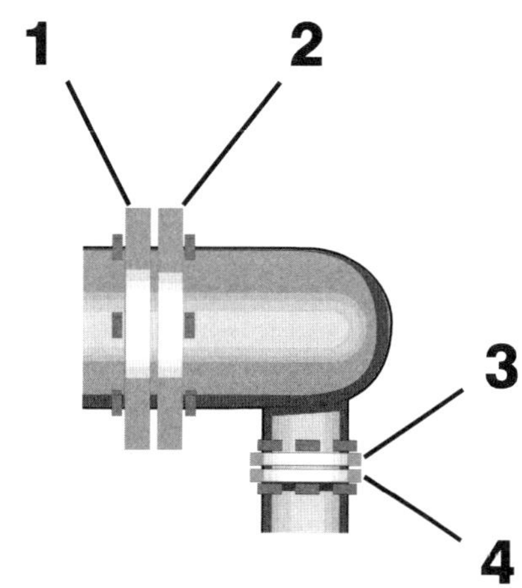

5.5 Positionierung von Zeichnungen, Fotos und Tabellen

Bilder im Raster anordnen

Die Gestaltungsraster für einzelne Dokumenttypen stecken den Rahmen ab, innerhalb dessen grafische Elemente plaziert werden können. Aufgabe der Richtlinie ist es, Bilder in diesem Raster anzuordnen, wenn das gewünscht ist.

Sie kann sich auch auf allgemeine Aussagen beschränken, etwa:

> Die wichtige Aussage steht auf der linken Seite eines Blattes. In den meisten Fällen wird das der Text sein, in Ausnahmen das Bild.

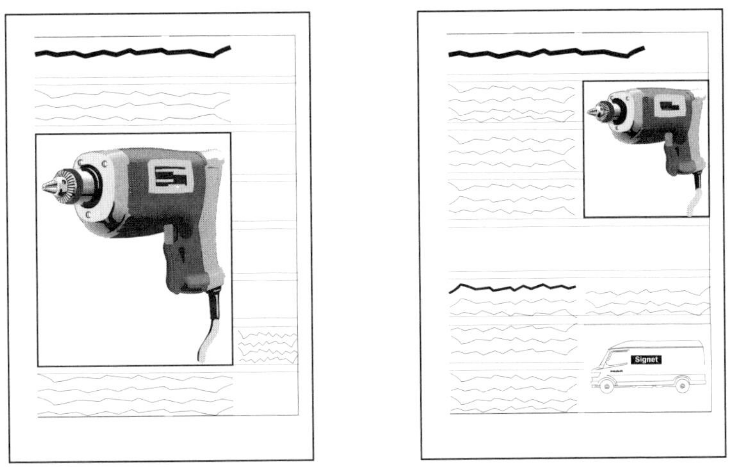

Beispiele für die Plazierung von Bildern im Gestaltungsraster. Die wichtige Aussage ist links das Bild, rechts der Text.

5.6 Abbildungen für internationale Märkte

Bilder werden kulturell unterschiedlich interpretiert.

Je mehr Änderungen an einem Dokument vorgenommen werden müssen, um es einem anderen Markt anzupassen, desto teurer wird es. Deswegen achten exportorientierte Unternehmen darauf, daß keine Abbildungen in ihren Dokumenten enthalten sind, deren Bedeutung in einigen Ländern und/oder Regionen anders ist als in Deutschland, oder die dort sogar als kränkend empfunden werden.

Ganz einfache Piktogramme, die für uns selbstverständlich sind und nicht die geringsten Schwierigkeiten bereiten, können anderswo Ärger auslösen.

Der harmlose Regenschirm zum Beispiel wird in vielen Ländern der Welt mit der Bedeutung „Vor Nässe schützen!" interpretiert, möglicherweise aber nicht in Indien. Dort könnte er: „unangenehme Erinnerungen an die Kolonialzeit der Engländer wecken. Der Schirm zum Schutz vor der Sonne ist nämlich ein Synonym für die englische Kolonialzeit geworden." (Galbierz: International visualisieren, S. 4.)

Ein anderes Malheur passierte mit den drei Bildern, die ein Strichmännchen, eine Schubkarre und einen Stein zeigen: „Die südafrikanische Minengesellschaft hatte eine wortlose Anweisung für die Analphabeten unter den Minenarbeitern gestaltet, die sie anwies, Steine von den Geleisen der Loren zu entfernen. Die Anweisung funktionierte nicht. Einige Arbeiter fingen an, Steine auf die Geleise zu legen. (...) Warum? In vielen Ländern wissen Analphabeten gar nicht, daß man von links nach rechts lesen muß. Menschen, deren erste Sprache Arabisch oder Hebräisch ist, wissen es auch nicht." (Horton: The Almost Universal Language, S. 683, Übersetzung A.B.)

Aus der Erfahrung der südafrikanischen Minengesellschaft kann die Gestaltungsrichtlinie eine Lehre ziehen:

> Denken Sie daran, daß die Leserichtung in vielen Kulturen von unserer abweicht.

Wir sprechen auch mit unseren Händen, einige mehr, andere weniger. Ärgerlich ist, daß die Gesten, die wir verwenden, nicht international sind. Wenn man mit Daumen und Zeigefinger einen Kreis bildet und die restlichen Finger emporstreckt, bedeutet das in einigen Gegenden, daß das Essen großartig war, eine Delikatesse. In anderen Gegenden ist die gleiche Geste eine üble Beleidigung.

Keine Gesten!

Es gibt kaum Gesten, die überall auf der Welt unproblematisch sind. Deswegen sollte die Richtlinie empfehlen, darauf zu verzichten:

> Vermeiden Sie Abbildungen von Händen. Manche Gesten sind in einigen Kulturen beleidigend.

Vorsicht mit körpersprachlichen Äußerungen!

Auch die Körpersprache wird nicht international gleich verstanden. Eine Sitzhaltung, die in einem Land ganz normal ist, kann in einem anderen wie eine grobe Flegelei wirken. In einigen islamischen Ländern sind Abbildungen von Menschen nicht erwünscht. Man muß sich dessen bewußt sein, wenn Dokumente so konzipiert werden, daß Abbildungen von Menschen eine entscheidende Rolle für das Verständnis des Dokuments spielen. Für den Export in diese islamischen Länder müßte das ganze Dokument neu gestaltet werden - eine kostspielige Angelegenheit!

> Benutzen Sie möglichst keine Abbildungen von Menschen. Wählen Sie besser piktografische Darstellungen.

Keine Tiere!

Abbildungen von Tieren sind ebenso gefährlich. Was dem einen Haustier, ist dem anderen Nahrung, Landplage, mythisches oder hochwertiges Symbol.

Wir verwenden möglichst keine Tiere in Abbildungen.

Viele Symbole aus unserem Kulturkreis, der Weihnachtsmann, die Ostereier usw. verlieren an vielen Orten ihre Bedeutung. Sie sollten ebenso vermieden werden wie Abbildungen alkoholischer Getränke, Wein, Bier usw.

Auch scheinbar harmlose Symbole können tückische Fallen bergen: Der Stekker für die Stromversorgung sieht schon in Frankreich, Dänemark und Großbritannien ganz anders aus als bei uns.

Vermeiden Sie es möglichst, Stekker und Steckdosen zu zeigen. Wählen Sie stattdessen allgemeine Verbindungen, denen man die Details nicht ansehen kann, wenn dadurch kein unzulässiger Informationsverlust eintritt.

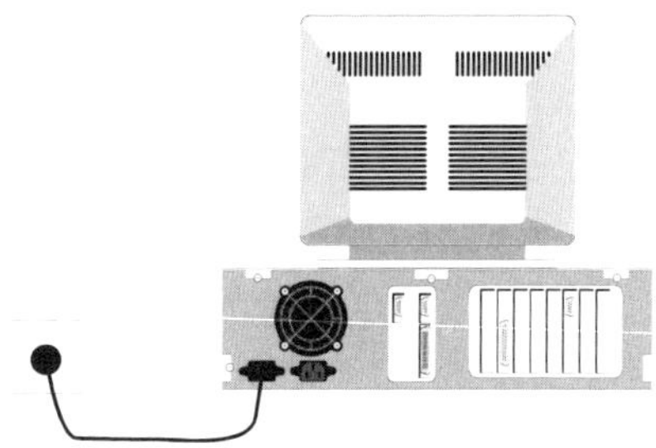

(Nach Sun Technical Publications: Readme First, S. 19.)

Keine Richtlinie kann den korrekten weltweiten Gebrauch der Symbolik regeln! Sie kann aber Mitarbeiter dafür sensibilisieren, daß Symbole und Farben überall auf der Welt unterschiedlich interpretiert werden. Und sie kann warnen:

Der Gebrauch einer Abbildung kann Kunden kränken und dem Unternehmen Schaden zufügen. Überprüfen Sie besonders Bilder, Symbole und Farben, die auch im Export genutzt werden sollen!

6 Dokumenttypen

Für die meisten Unternehmen werden Dokumente die wichtigsten Träger des Erscheinungsbildes sein. Der Begriff „Dokument" war noch vor wenigen Jahren auf papierene Dokumente und einige Archivierungsverfahren wie den Mikrofiche beschränkt. Ein Dokument war im Kern das, was man schwarz auf weiß nach Hause tragen konnte.

Heute hat sich die Bedeutung des Wortes „Dokument" verändert. Papier-, Bild- und Ton-Dokumente können mit Techniken der EDV in ein Dokument integriert werden: Online-Dokumente und Multimedia.

papierene und elektronische Dokumente

Zu papierenen und elektronischen Dokumenten werden Sie in diesem Kapitel Hinweise für die Gestaltungsrichtlinie finden. In diesen Bereichen sind kostensparende Eigenleistungen am wahrscheinlichsten. In anderen Gestaltungsfragen wird man selten auf die Hilfe von Dienstleistern verzichten können, beispielsweise bei:

- Firmen- und Hinweisschildern
- Dekorationsmaterial für Haus- und Hotelmessen
- Messeständen
- Werbegeschenken
- Fahrzeuggestaltung und
- Kleidung

Für diese Träger des Erscheinungsbildes treffen Sie wichtige Entscheidungen, wenn das Firmensignet, Hausschriften und Hausfarben festgelegt werden. Weitere Aussagen allgemeiner Art sind nicht sinnvoll.

6.1 Papierdokumente

Neben Layout, Farbe und Schrift kennzeichnen die Sprache und die inhaltliche Struktur einen Dokumenttyp. Diejenigen Unternehmen, die Dokumentationen in SGML, der Standard Generalized Markup Language, erstellen müssen, verwenden den Begriff „Dokumenttyp“ ganz anders, als ich ihn in diesem Buch benutze. Sie sehen die Strukturdefinition im Vordergrund. Die äußere Gestalt des Dokuments ist für sie weniger wichtig.

An der Dokumentstruktur müssen ganz besonders diejenigen interessiert sein, die wiederkehrende Aufgaben auf ähnliche Weise mit vergleichbaren Mitteln lösen müssen: die Technikredakteure.

Dokumentstruktur und Sprachgebrauch

Die gute Gestaltungsrichtlinie enthält deswegen für den Bereich der Technikredaktion auch Aussagen über die Dokumentstruktur und darüber hinaus auch ergänzende Aussagen über den Sprachgebrauch. Überdies ist die Dokumentstruktur auch juristisch von Bedeutung: An welcher Stelle im Dokument ein Sicherheitshinweis steht, kann für die Bewertung eines Schadensersatzanspruchs berücksichtigt werden.

eine einfache Struktur für alle Technikdokumente

Allgemeine Struktur unserer Technikdokumente

- Deckblatt
- Seite 2: leer
- Seite 3: Produktbezeichnung, Versionsnummer, Art des Handbuchs, Firmenadressen, Urheberrechts- und Schutzhinweise
- Seite 4: leer
- Seite 5: Inhaltsverzeichnis
- nächste rechte Seite: Sicherheitshinweise
- Kapitel 1 – x (jeweils auf einer rechten Seite beginnend)
- Anhang: Übersicht technische Daten, Schaltpläne, Abhilfe bei Störungen, Glossar, Index

Beispiel für eine allgemeine Aussage zu Sicherheitshinweisen

Sicherheitshinweise

Sicherheitshinweise werden nach ihrer Bedeutung geordnet in dieser Reihenfolge aufgeführt:

1. Gefahr für Leben und Gesundheit (Piktogramm: ...)
2. Warnung vor Sach- und Vermögensschäden (Piktogramm: ...)
3. Ergänzende Hinweise (Piktogramm: ...)

Am Anfang des Dokuments:

- Die Sicherheitshinweise stehen hinter dem Inhaltsverzeichnis.
- Sie beginnen auf einer rechten Seite.

Im Dokument:

- Der Sicherheitshinweis muß so angeordnet sein, daß der Anwender ihn liest, bevor er den ersten Schritt unternimmt, der zu einer gefährlichen Situation führen könnte.
- Vermeiden Sie Seitenumbrüche in Handlungsschritten, die auf einen Sicherheitshinweis folgen! Sicherheitshinweis und Handlung müssen zusammen gelesen werden können!

Wollen Sie mit einem Technikdokument den gesamten Lebenszyklus eines Gerätes begleiten, von der Installation bis zur Entsorgung? Oder müssen Sie unterschiedliche Dokumente erstellen, von der Installationsanweisung bis zur Demontage- und Entsorgungsanleitung?

Dokumenttypen beschreiben

Wenn mehrere Dokumenttypen geschrieben und gewartet werden müssen, sind Aussagen in der Gestaltungsrichtlinie hilfreich, die diese Typen voneinander abgrenzen und ihre wesentlichen Eigenheiten beschreiben. Für umfangreiche Softwareprojekte können leicht 10 papierene Dokumenttypen voneinander unterschieden werden:

- Installationsanleitung
- Kurzanleitung
- Referenzhandbuch (Funktionsübersicht)
- Handbuch für Anwender (handlungsorientiert)
- Handbuch für Systemverwalter im Rechenzentrum
- Tutorial
- Release Notes
- Schulungsunterlagen für Teilnehmer
- Schulungsunterlagen für Trainer
- Overheadfolien

Beispiel Installationsanleitung (Software)

Installationsanleitung

Die Installationsanleitung wird als eigenes Dokument mit dem Produkt ausgeliefert. Hinweise zur Produktinstallation stehen ausschließlich in diesem Dokument. Installationsanleitungen werden in kurzen Sätzen geschrieben. Niemals mehr als eine Anleitung pro Satz!

Installationsanleitungen haben die Struktur:

1. Backup - Hinweis an den Anwender: Erstellen Sie erst ein Backup des Datenträgers, auf dem Sie <variabel> installieren wollen. Warnung: Installieren Sie niemals <variabel>, ohne ein Backup angefertigt zu haben. Irreparable Datenverluste könnten die Folge sein.
2. Legen Sie das Band in das Laufwerk, von dem aus Sie die Installation vornehmen wollen.
3. Mounten Sie das Laufwerk mit dem Befehl <variabel>.
4. Installieren Sie <variabel> mit dem Befehl <variabel>.
5. Unmounten Sie das Laufwerk mit dem Befehl <variabel>.
6. Entfernen Sie das Band aus dem Laufwerk.
7. Starten Sie die Installationsroutine mit <variabel>.
8. Erfolgskontrolle: ...
9. Beheben von Störungen: ...

Beispiel Kurzreferenz

Kurzreferenz

Die Kurzreferenz beschränkt sich auf die wichtigsten Informationen. Man kann sie am Gerät aufbewahren. Da sie unvollständig ist, enthält sie meist den Hinweis, daß sie nur in Verbindung mit umfangreicheren Anleitungen gültig ist.

- Umfang: Leporellofalz
- Adressat: Anwender, die zumindest Grundkenntnisse in der Benutzung des Produktes haben.
- Ziel: Auf eine kurze Frage eine kurze Antwort finden.
- Grobgliederung: Beispiel Telefon - aufgabenorientiert (Einschalten, anrufen, angerufen werden, ...); Beispiel Programmiersprache - Alphabetische Liste der Befehle.
- Sprache: Platz sparen. Vollständige Sätze nicht nötig.

Referenzhandbuch

Das Referenzhandbuch wird eine vollständige Übersicht in mehreren Ordnern zeigen. In dieses Dokument sieht der Anwender nur, wenn er Detailinformationen benötigt, die er in der Online-Hilfe nicht gefunden hat.

Handbuch für Anwender

Ein anwendungsorientiertes Handbuch orientiert sich an den Aufgaben des Anwenders. Es listet nicht - wie das Referenzhandbuch - alle Funktionen usw., sondern beschränkt sich auf das, was im typischen Alltagsgebrauch benötigt wird. Dafür enthält es Beispiele und Musterlösungen.

Handbuch für Systemverwalter

Der Systemverwalter im Rechenzentrum will Details wissen, die den Anwender am Terminal überhaupt nicht interessieren. Er wird auch in einer ganz anderen Sprache (Fachwörter, Fremdwörter) angesprochen.

Trainingsunterlagen

Tutorial, Release Notes und die Schulungsunterlagen sind wieder andere Dokumenttypen. Wenn ein Unternehmen viele Trainer beschäftigt oder Consultants zu Trainingseinsätzen schicken muß, werden auch kurze Trainerunterlagen geschrieben. Darin stehen selbstverständlich andere Informationen als in den Teilnehmerunterlagen.

6.2 Elektronische Dokumente

andere Schwerpunkte

Dokumente, die am Bildschirm genutzt werden, können Gestaltungsrichtlinien ebensogut folgen wie ihre papierenen Vettern. Die Richtlinien sehen nur etwas anders aus und sie setzen andere Schwerpunkte:

- Bildschirmgestaltung
- Schriften und Farben
- Navigationsinstrumente
- Anzahl der Links

Die Entwicklungsumgebungen für elektronische Dokumente lassen nur wenige allgemeine Aussagen zu. Auf Formulierungen, die als Muster direkt in eine Gestaltungsrichtlinie übernommen werden könnten, wird deswegen verzichtet.

elektronisch verfügbar

Wenn es möglich ist, stellen Sie diesen Teil der Richtlinie auch als elektronisches Dokument zur Verfügung. Nur am Bildschirm können die Autoren sehen, wie die Gestaltungselemente tatsächlich wirken.

Bildschirmgestaltung

Raster entwerfen

Entwerfen Sie für elektronische Dokumente einen Raster, wenn das Medium den Einsatz eines solchen Rasters ermöglicht. Für Windows-Hilfen wird ein Raster wenig nutzen, in einer Multimedia-Entwicklungsumgebung wie dem Macromedia Director ist der Raster ein Muß. Das Minimum an Standards für die Bildschirmgestaltung in der Multimedia-Produktion ist:

„• Erforderliches Screenlayout,
    - Layoutaufteilung, Größe des Screens
    - Lage, Form der Bedienungselemente
    - Schriften, Textgestaltung
    - Hintergrundgrafiken
    - Layoutraster
- Verwendete Farben, reservierte Farben (...)
- Funktion der Menüs und Bedienungselemente"

(Schifman u. a.: Multimedia Design interaktiv, S. 115.)

In einer einfachen Präsentationssoftware reicht es, wenn Sie Vorlagen oder Templates entwickeln, die Sie den Mitarbeitern zur Verfügung stellen.

Web-Dokumente

Web-Dokumente sind derzeit im Umbruch: In den älteren Versionen konnte der Autor weder Raster noch Schrifttypen, Schriftgrade, Schriftschnitte und Farben bestimmen. Die jüngsten HTML-Versionen haben diesen Zustand beendet. Wenn Ihr Raster den Einsatz von Frames vorsieht, schreiben Sie Alternativen für Anwender vor, deren Browser keine Frames darstellen können.

Ladezeiten berücksichtigen

Damit sich hohe Ladezeiten aus dem Internet oder auch von älteren CD-Laufwerken nicht nachteilig auf die Akzeptanz der Dokumente auswirken, setzen einige Richtlinien Grenzen für Bildschirminhalte und Dateigrößen.

Schriften und Farben

serifenlose Schriften

Auf Bildschirmen sind Serifenschriften grundsätzlich schlechter zu lesen als serifenlose Schriften. Hausschriften mit Serifen sollten Sie besser durch eine serifenlose Schrift ersetzen.

andere Farbdarstellung

Auch Farben werden anders dargestellt und wahrgenommen als auf Papier. Legen Sie eine Palette von einigen Farben an, bestimmen Sie für jede Farbe zulässige Sättigungsstufen und empfehlen Sie in der Richtlinie, wie diese Farben und Sättigungsstufen kombiniert werden dürfen.

Alternativen für die Hausfarben

Legen Sie fest, welche Bildschirmfarben Ihre Hausfarben ersetzen. Diese Farben dürfen nur für das Signet und vergleichbare Objekte, nicht aber für andere Zwecke genutzt werden.

auf Minimalkonfiguration testen

Während der Entwicklung elektronischer Dokumente ist es sinnvoll, Zwischenergebnisse auf der „denkbar schlechtesten“ Konfiguration, die ein Anwender nutzen könnte, zu testen. Software-Hersteller geben oft an, welche Voraussetzungen mindestens erfüllt sein müssen, um das Produkt erfolgreich zu nutzen. Wenn Ihr Unternehmen eine solche Minimalkonfiguration fordert, sollte die Richtlinie Tests auf dieser Umgebung vorschreiben. In anderen Fällen werden Sie eventuell eine aufwendige Kundenbefragung oder vergleichbare Untersuchungen der Zielgruppe durchführen müssen, um etwas über die genutzten Rechner, Betriebssystem-Versionen und angeschlossene Geräte (Drucker, Bildschirme) zu erfahren.

Navigationsinstrumente

Bewegungsmöglichkeiten im elektronischen Dokument

In jeder elektronischen Publikation muß der Leser von jeder beliebigen Seite, aus jedem Topic und jeder Szene zum Anfang und zum Ende gelangen können. Wenn Seiten, Topics oder Szenen in einer Sequenz angeordnet sind, muß die Bewegung „vorwärts“ und „rückwärts“ möglich sein. Stehen Sie in einer Kapiteln vergleichbaren Struktur, muß der Beginn des Kapitels angesprungen werden können.

Orientierung und Überblick

Eine gut gestaltete elektronische Publikation erkennt man auch daran, daß der Leser stets weiß, wo im Netz der Hyperlinks er sich gerade befindet. Dieser Hinweis sollte bei Web-Dokumenten die Web-Adresse enthalten, damit das Dokument eindeutig zuzuordnen ist, wenn man es auf Papier ausdruckt.

Links überprüfen

Für jede Hypertextstruktur sind bei Aktualisierungen ausführliche Tests vonnöten. Wenn Ihnen keine automatisierten Verfahren für die Überprüfung der Links zur Verfügung stehen, sollte Ihre Richtlinie Anleitungen für Testprozeduren enthalten.

Anzahl der Links

Zu viele Links irritieren!

Begrenzen Sie in der Richtlinie die Anzahl der Links, die in Text oder Grafik vorkommen dürfen. Zu viele Links machen Hypertextstrukturen unbrauchbar, weil wichtige Informationen nicht mehr von unwichtigen unterschieden werden können.

Eine allgemeine Höchstgrenze gibt es nicht, weil die sinnvolle Anzahl der Links vom Dokumenttyp und vom Topic abhängt. Kataloge, Indexseiten usw. benötigen mehr Links als einfache Textseiten.

Links zur weiteren Lektüre

Leserinnen und Lesern, die sich in diese Bereiche einarbeiten wollen, empfehle ich als weiterführende Literatur:

- Horton, William K.: Designing & Writing Online Documentation. Hypermedia for Self-Supporting Products. 2. Aufl., New York [u.a.]: John Wiley, 1994.
- Lynch, Patrick; Horton, Sarah: Yale C/AIM Web Style Guide. Yale University, 1997. http://info.med.yale.edu/caim/manual/
- Schifman, Richard S.; Heinrich, Yvonne; Heinrich, Günther: Multimedia Design interaktiv! Von der Idee zum Produkt. Berlin [u.a.]: Springer, 1997.

"This book is a style guide. It tells what to do, but does not present system-specific details of how to do it." Mein Favorit für Online-Dokumentation.

Ich kenne keinen besseren Style Guide im Web für das Web.

Multimedia-Produktion von A wie Anfang bis Z wie Zuklappen – und wissen, worauf es ankommt.

7 Projektmanagement

In einigen Technikredaktionen enthält die Gestaltungsrichtlinie oder der Redaktionsleitfaden eine Reihe von Anleitungen für das Projektmanagement. Neben den Anleitungen stellt die Richtlinie ein Begleitheft oder einzelne Formulare zur Verfügung, damit Termine und Verantwortlichkeiten protokolliert werden können. Oder sie weist auf Dateien hin, die Vordrucke für solche Formulare enthalten.

Verfahrensanleitungen dokumentieren

Ein solches Kapitel, das Verfahrensanleitungen, Formulare und Vordrucke enthält, trägt zu Qualitätssicherung und Kostensenkung in der Technikdokumentation bei. Es bestimmt die Regeln, die unbedingt eingehalten werden müssen, damit ein Unternehmen auch Jahre später den Nachweis erbringen kann, im Bereich der Dokumentation alles Nötige zur Vermeidung von Schäden unternommen zu haben. Es ordnet sich in die allgemeinen betrieblichen Verfahren und Vorschriften für das Projektmanagement und die Qualitätssicherung ein.

In mindestens zwölf typischen Etappen oder Fragestellungen eines Projekts kann die Richtlinie anleiten und Materialien zur Verfügung stellen, um die Projektabwicklung zu unterstützen:

- Auftragsvergabe
- Projekterfassung (Datenbank)
- Internationalisierung und Lokalisierung
- Informationsbeschaffung
- Aufgabe und Verantwortung
- Konzeption und Gestaltung des Dokuments
- Nutzung betrieblicher Ressourcen
- Termine
- externe Dienstleister
- Dokumentqualität
- Freigabe
- Archivierung und Nachweis der Sorgfaltspflicht

Auftragsvergabe

Klarheit in der Auftragsvergabe

Anweisung: Ein Dokumentationsprojekt beginnt, wenn der Auftrag dazu von xyz vergeben wird.

Erklärung: Dokumentationsprojekte kosten Zeit und Geld, über die Technikredakteure Rechenschaft ablegen müssen. Auf „Kannst du das mal eben zwischenschieben?“ können viele nicht „nein“ sagen. Indem die Richtlinie festlegt, wer Aufträge an die Technikredaktion erteilen darf, schützt sie auch die Redakteure.

Formular: Name des Auftraggebers, Datum

Projekterfassung (Datenbank)

Identifikation des Projekts über Schlüssel

Projekt-ID: Identifikationsschlüssel des Projekts

Erklärung: Jedes Dokumentationsprojekt muß eindeutig identifiziert werden können. Eine gute Lösung ist es, Projekte in einer Datenbank zu verwalten. Für jede Dokumentation wird ein Datensatz angelegt. Der Primärschlüssel des Datensatzes identifiziert das Projekt (Projekt-ID).

Dokument-ID als Bestellnummer

Zusatz: Für jedes Dokument wird eine Dokument-ID vergeben. Sie dient als Bestellnummer und wird auf das Dokument aufgedruckt (erste, dritte, vorletzte oder letzte Seite). Werden in einem Projekt mehrere Dokumente erzeugt, beispielsweise Trainingsunterlagen und Overheadfolien, werden mehrere Dokument-IDs benötigt.

Formular: Projektname, Produkt, Versionsangaben, Projekt-ID, Projektstart, Projektende, Dokumentname, Dokument-ID, Deadline für dieses Dokument

Redaktionshandbuch, Siemens Nixdorf Informationssysteme AG

Eine Richtlinie der Siemens Nixdorf AG untergliedert Dokumentationsprojekte in 25 Aufgabenbeschreibungen, vom Kickoff-Meeting bis zum Projektende:

- Kickoff-Meeting
- Auftragsnummer ... besorgen
- Stammdaten anlegen
- Übersetzung planen
- Vorgänger-Dateien besorgen
- Bestellnummer einholen
- Konzept erstellen
- Handbuchstruktur-Besprechung
- Feinplanung in der Planungsdatenbank
- Statusbericht erstellen
- Handbuchänderungen/ -ergänzungen in Dateiform
- Korrekturläufe
- Interne Qualitätssicherung
- Literaturpool-Eintrag erstellen
- Sprachdienstübergaben
- Zielsprachen-Handbuch prüfen
- Außentitel erstellen - Printing on Demand
- Schlußkontrolle
- Produktionsübergabe
- Außentitel erstellen - herkömmliches Druckverfahren
- Archivierung von Dateien
- Kontrolle der Handbuch-Einträge
- Projektende

Jede Aufgabe wird in einem Formular protokolliert, so daß zum Projektende, wenn die fertige Dokumentation archiviert wird, auch die projektbegleitenden Unterlagen im Archiv abgelegt werden können. Die Aufgabenbeschreibungen sind, soweit das möglich ist, gleich strukturiert.

Die Details dieser Richtlinie sind in den betrieblichen Voraussetzungen dieses Herstellers begründet, den Abteilungsstrukturen, den Softwaresystemen für Archivierung, Dokumenten-Management usw. Vergleichbare Regelungen werden aber auch kleinen und mittleren Unternehmen (KMU) helfen, Transparenz, Kontrolle der Kosten, Sicherheit in der Planung und Durchführung von Dokumentationsprojekten und gleichbleibende Qualität der Dokumentation zu erreichen.

Beispiel: Richtlinie eines Großunternehmens

vergleichbare Regelungen auch für KMU

Internationalisierung und Lokalisierung

Übersetzung
Lokalisierung
Internationalisierung

Erklärung: Soll das Dokument internationalisiert werden, muß es übersetzt und/oder lokalisiert werden? Wenn ja, welche Länder und Sprachen (z. B. für die Schweiz oder Belgien)?

Zusatz: Für jedes lokalisierte oder übersetzte Dokument wird eine eigene Bestellnummer vergeben.

Formular: Länder/Sprachen, Dokument-ID, Deadlines

Informationsbeschaffung

Interview und Recherche

Bestand: Welche Informationen sind vorhanden? Entwicklungsunterlagen, Prospektmaterial, Vorgängerdokumente, Dokumente anderen Typs, Unterlagen von/über Mitbewerber, Normen, Gesetze usw.

Recherche: Unterlagen sichten, Interviews, externe Recherchen: Internet, Bibliothek, Datenbanken, Literatur, Vor-Ort-Recherche

Ergänzung: Die Interviewpartner der Technikredakteure sind oft die kompetentesten Entwickler. Wer kompetent ist, wird oft gestört, weil er Fragen beantworten kann. Gute Planung der Interviews schützt vor Mißstimmungen.

Formular: Interviewpartner (Wunsch), Zeitvorstellungen (geschätzt), eventuell Kosten und Zeit für Reisen, Recherchen

Aufgaben und Verantwortung

Zuständigkeiten

Leitung: Wer ist verantwortlich für das Projekt, wer ist Ansprechpartner und gegebenenfalls weisungsbefugt für Projektmitarbeiter, Partner für andere Abteilungen?

Mitarbeiter: Aufgaben, Zeitplanung (wer wie lange), Ausfallzeiten (Urlaub, andere Projekte usw.)

Aufgaben: Informationsbeschaffung, Konzepte, Texte, Zeichnungen

Formular: Personen, Funktionen, Zeiten

Projektbegleitende Dokumentation (Beispiel)

Auftrag erteilt von:	Dokument-ID:
am:	Sprache:
Projektmanager:	Land:
Auftragsbeschreibung	Kunde:
Projekt-ID:	Format:
Projektname:	Druck:
Produkt:	Papierqualität:
Versionsangaben:	Druckweiterverarbeitung:
Projektstart:	Redakteure:
Projektende:	Aufgaben:
Dokumentname:	Verfügbarkeit:
Dokumenttyp:	

Erläuterungen zu ausgewählten Rubriken dieses Beispiels:

Land:	Aus der Sprache allein geht noch nicht hervor, welche Normen und Rechtsvorschriften in dem Projekt berücksichtigt werden müssen.
Format:	A4, PDF, HTML ...
Papierqualität:	z. B. Umschlag Chromolux 180 g/m^2, Inhalt holzfrei weiß Offset 80 g/m^2 usw.
Druckweiterverarbeitung:	Lochen, Heften, Binden ...
Redakteure:	Redakteur, Grafiker (betriebsintern)
Aufgabe:	Woran soll gearbeitet werden?
Verfügbarkeit:	Wenn jemand auch an einem anderen Projekt beteiligt ist oder seinen Jahresurlaub geplant hat, muß man das rechtzeitig wissen.

Grundlage eines Formulars oder Formularsatzes für die projektbegleitende Dokumentation

Konzeption und Gestaltung des Dokuments

Konzept und Gliederung

Konzeption: Wann steht das Konzept und die Gliederung?
Gestaltung: Wann sind welche Komponenten korrekturbereit?
Formular: Konzepte, Gliederungen, Personen

Nutzung betrieblicher Ressourcen

Maschinen
Software

Dokumente: Kopien aus dem Archiv besorgen (Vorgängerversionen).

Werkzeuge: Werden Maschinen benötigt, die nur in begrenzter Anzahl zur Verfügung stehen (reservieren)? Muß Software angeschafft werden? Wird Software benötigt, für die nur wenige Lizenzen vorliegen (reservieren)?

Prototypen

Produkt: Wann müssen für welche Zeit Prototypen des Produkts für die Dokumentation angesehen und/oder genutzt werden können?

Formular: Ansprüche auf Maschinen und Software notieren, gegebenenfalls zur Abstimmung mit anderen Abteilungen weiterleiten. Rückmeldungen notieren.

Termine

Ist < — > Soll

Meilensteine: Wann wird der Ist-Zustand mit dem Soll-Zustand verglichen? Wer muß Entscheidungen treffen, wenn Ist und Soll signifikant voneinander abweichen?

Personen: Wer nimmt an den Treffen teil?

Formular: Personen, Termine und Meilensteine

Externe Dienstleister

Art: Druckaufträge, Programmieraufträge, Aufträge an Videospezialisten, Fotografen usw.

Firma: Name der Firma, Ansprechpartner, Auftrag wurde bestätigt von ... am ..., Auftragsabwicklung wird überwacht von ..., eigene Auftragsnummer, Auftragsnummer der Firma, die den Auftrag bearbeitet

Deadline: Fertigstellung erwartet am ..., Einhaltung der Deadline wird überwacht durch: Name des Redakteurs

Formular: Termine, Personen, Referenzen auf Angebote

Auftragsvergabe an externe Dienstleister in einer Gestaltungsrichtlinie

Externes Projekt

„ (...)

2. Projekt und Aufgaben genau definieren (‚Zielspezifikation/Ergebnisbeschreibung'):
   - Projekttitel
   - Aufgabenspektrum für den Auftragnehmer
   - Umfang der einzelnen Aufgaben
   - Erforderliche Qualifikation des Auftragnehmers
   - Einzuhaltende Standards
   - Schnittstellen zum Auftraggeber
   - Ansprechpartner beim Auftraggeber
   - Terminrahmen
   - Qualitäts- und Abnahmekriterien für die zu liefernde Arbeit
3. Ermitteln und Festhalten wichtiger interner Parameter:
   - Eigene Schätzung des Projektaufwands (als Vergleichswert)
   - Finanzieller Rahmen (z.B. Festpreisangebot, Obergrenze)
4. Angebote einholen und prüfen. (...)
   - Mehrere Angebote, mindestens zwei.
   - Als Angebotsgrundlage für die Fremdfirmen ist die oben unter 2. definierte ‚Zielspezifikation/Ergebnisbeschreibung' zu übergeben.
   - Der Einkauf benennt einen Abgabetermin für das Angebot.
   - Angebote anhand der oben unter 2. festgelegten Spezifikation prüfen. Dabei sind auch Erfahrungen zu berücksichtigen, die bei ähnlichen Projekten oder mit demselben Anbieter bereits gemacht wurden.
   - Entscheidung treffen, welche Fremdfirma den Auftrag erhält."

(Siemens Nixdorf: Redaktionshandbuch, S. III–39f.)

Dokumentqualität

Qualitätsmanagement-System

Qualität: besondere Anforderungen aus Qualitätsmanagement-Systemen, die möglicherweise eingesetzt werden

Korrekturen

Korrekturen: Korrekturläufe (sachlich, sprachlich ...)

Formular: Korrektoren, Termine, Dokumentkomponenten, Checklisten für Korrektoren

Freigabe

Vorgang: Die Freigabe gestattet, daß das Dokument verschickt, veröffentlicht oder sonstwie in Umlauf gebracht wird. Üblicherweise ist in der Untermehmenshierarchie festgelegt, wer welchem Dokumenttyp die Freigabe erteilen darf.

Formular: Name, Datum

Archivierung und Nachweis der Sorgfaltspflicht

10 Jahre nach Inverkehrbringen, länger oder kürzer?

Gegenstand: Welche Dokumente werden für 10 Jahre gespeichert, welche kürzer oder länger? Nur wenn neben der fertigen Dokumentation auch die projektbegleitenden Dokumente dauerhaft archiviert werden, kann der Nachweis erbracht werden, daß das Projektteam seiner Sorgfaltspflicht genügt hat. Archive: außer Haus, feuersichere Tresore für elektronische Datenträger ...

Formular: Beschreibung der Archivierung, Liste der Dokumente und die Zeit der Speicherung, Name, Datum

Informationen zum Thema Projektmanagement

Leserinnen und Lesern, die an Einführungen in das Projektmanagement interessiert sind, empfehle ich die Bücher:

- Heeg, Franz-Josef: Projektmanagement. Grundlagen der Planung und Steuerung von betrieblichen Problemlösungsprozessen. 2. Aufl., München: Hanser, 1993.

- Patzak, Gerold; Rattay, Günter: Projektmanagement. Leitfaden zum Management von Projekten, Projektportfolios und projektorientierten Unternehmen. Wien: Linde, 1996.

Schulungen, Kongresse und Lektüre zum Thema bietet die GPM an:

Deutsche Gesellschaft für Projektmanagement (GPM)
Reitmorstraße 50
80538 München
Telefon (089) 22 97 30
Telefax (089) 22 66 45
E-Mail GPM-IPMA@t-online.de

8 Glossar

Business Process Reengineering (BPR)

Modebegriff, der bis vor kurzem in keiner Wirtschaftszeitschrift fehlen durfte. Der wahre Kern hinter dem sprachlichen Lametta heißt: In vielen Betrieben haben sich Abteilungsstrukturen verselbständigt. Wenn zwei oder drei Abteilungen zusammenarbeiten müssen, beispielsweise Marketing, Finanzen und Entwicklung für das Angebot an einen Kunden, entstehen riesige Reibungsverluste. Jeder hat seine eigenen Spielregeln, manche ihre eigene EDV, eigene Programme - kurz: nichts paßt zusammen, jeder denkt an „seine" Abteilung zuerst.

Das Ergebnis: Der Kunde ist unzufrieden, weil alles zu lange dauert, und die Qualität könnte manchmal besser sein. Außerdem werden Kräfte länger als erforderlich an Aufgaben gebunden, es wird also auch teurer als nötig.

Solche Strukturen können sich so weit verhärten, daß man sie aufbrechen und etwas völlig neues an ihrer Stelle schaffen muß: Die Geschäftsvorgänge müssen auf eine neue Grundlage gestellt werden. In dieser neuen Struktur steht der Geschäftsvorgang an erster Stelle, nicht die Abteilung. Das Angebot an den Kunden z. B. ist ein Vorgang, dem Mitarbeiter aus verschiedenen Organisationseinheiten zuarbeiten.

BPR setzt oft Workflow-Management-Systeme ein, die den Geschäftsvorgang steuern. Ziel dieser Umorientierung ist:

- den Kunden schneller und besser zu bedienen
- die Durchlaufzeiten zu reduzieren und
- die Kosten zu senken

Wenn man gewachsene Strukturen aufbricht, kann das als Bedrohung empfunden werden. Weil auch eine Gestaltungsrichtlinie zu Veränderungen lieb gewordener Gewohnheiten führen kann, könnte sie schon wegen der Furcht vor den vielen Neuerungen in der Büroarbeit auf Ablehnung stoßen. Das Projektteam einer Richtlinie muß dem Thema Akzeptanz deswegen besondere Aufmerksamkeit schenken.

Dokumenten-Management

Eine einfache Form des Dokumenten-Management-Systems besteht aus zwei Komponenten:

- Archiven (elektronisch wie Papier) und
- einer Datenbank mit Informationen über die Archive

Die Datenbank gibt Auskunft über Dokumente, Versionen, Dokumentzustände und Bearbeiter. Sie verwaltet Berechtigungen und kann so auch zum Schutz von Dokumenten, etwa vor versehentlichem Überschreiben, beitragen. Sie berücksichtigt die Zuordnung des Dokuments zum Bearbeitenden, den Zugriff durch ein Projektteam oder auf der Abteilungsebene und natürlich die langfristige Archivierung der Dokumente:

„Die *persönliche Ablage* dient der lokalen und zumeist temporären Speicherung persönlicher Dokumente. Die notwendige Speicherkapazität ist relativ gering und der Zugriff ist über den Dokumentennamen möglich. Diese Ablage wird in einer ‚Client-Server'-Umgebung typischerweise auf dem ‚Client' implementiert sein.

Das *Gruppenarchiv* beispielsweise auf Abteilungsebene bedient mehrere Benutzer parallel. Die notwendige Speicherkapazität ist bereits wesentlich größer, so daß dieses Archiv in einer Client-Server-Umgebung als Serverfunktion zu implementieren ist. Zugriffsberechtigungen und Sperrmechanismen zur Verhinderung von gleichzeitigem Ändern durch mehrere Benutzer müssen eingeführt werden. Die Mehrbenutzereigenschaft macht auch eine adäquate Ablagesystematik notwendig.

Das *Langzeitarchiv* auf zentraler Ebene ist auf die Verwaltung großer Mengen stabiler, öffentlicher Dokumente mit u. U. langen Aufbewahrungszeiten ausgerichtet." (Rau, Karl-Heinz: Integrierte Bürokommunikation. Organisation und Technik. Wiesbaden: Gabler, 1991, S. 101.)

Dokumenten-Management wird zwar oft als System, als eine technische Lösung diskutiert. Immer muß aber eine organisatorische Konzeption vorausgehen, der die Technik dann folgen kann.

Diese Konzepte, ebenso die Beschreibung der Technik, sie einzusetzen, können Teil einer Gestaltungsrichtlinie sein. Sie ergänzen die Anforderungen der Projektorganistionen, die gleichfalls in Richtlinien zusammengefaßt werden.

HTML

Abkürzung für Hypertext Markup Language, ursprünglich ein Dokumenttyp von SGML. Mit HTML wurden zunächst nur Dokumente im Internet ausgezeichnet. Der Anwender kann diese Dokumente am Bildschirm lesen, ohne sie ausdrucken zu müssen. HTML wird heute auch für andere Zwecke genutzt, etwa im Bereich der Online-Dokumentation.

Link Siehe Topic.

PDF

Abkürzung für Portable Document Format, definiert von der Firma Adobe Systems. Dokumente, die in diesem Format gespeichert wurden, sehen am Bildschirm so ähnlich aus wie auf Papier. Man muß sie nicht unbedingt ausdrucken, sondern kann sie gleich am Bildschirm lesen.

Präsentationssoftware

Mit solchen Programmen werden sogenannte Dia-Shows angefertigt, die oft über Overheadprojektoren oder auch an Messeständen präsentiert werden. Ein Beispiel ist Microsoft PowerPoint.

Primärschlüssel

Begriff aus der Datenbanktechnik. Stellen Sie sich eine Tabelle vor, in der jeder Zeile eine laufende Nummer vorangestellt ist. Diese Nummer ist einem Primärschlüssel vergleichbar. Wenn man den Primärschlüssel kennt, findet man alle weiteren Informationen, die in dem Datensatz (der Zeile) gespeichert sind.

SGML

Abkürzung für Standard Generalized Markup Language. In ISO 8879 definierte Norm, die ein Verfahren festlegt, nach dem Dokumente in ihrer Struktur beschrieben werden können.

Solcherart ausgezeichnete Dokumente können unabhängig von Rechnern, Betriebssystemen und Anwendungsprogrammen gepflegt werden. Sie können auf unterschiedlichen Medien ausgegeben werden. Ihre Lebensdauer als elektronisch verfügbare Dokumente ist unabhängig von gegenwärtig auf dem Markt befindlichen Produkten.

Eine Einführung finden Sie im Internet über meine Homepage an der Fachhochschule Hannover. (Baumert, Andreas: SGML-Grundlagen. http://www.ik.fh-hannover.de/tr/menschen/baumert/wwwpubls/sgml01.htm)

STC

Internationaler Berufsverband der Technikredakteure mit Heimat und Herkunft in den USA.

Society for Technical Communication (STC)
901 N. Stuart Street, Suite 904
Arlington, VA 222031854
Telefon +1 703 522 4114
Telefax +1 703 522 2075
E-Mail stc@stc-va.org
Internet http://www.clark.net/pub/stc/www/

tekom

Fachverband der Technikredakteure in Deutschland.

Gesellschaft für technische Kommunikation e. V. (tekom)
Markelstraße 34
70193 Stuttgart
Telefon (0711) 657 04-0
Telefax (0711) 657 04 99
E-Mail tek-geschst.ha@geod.geonet.de
Internet http://www.tekom.de

Topic

Ein traditionelles Papierdokument kann man von der ersten bis zur letzten Seite lesen. Jedes Dokument hat einen Anfang und ein Ende. Auch Dokumente, die man niemals ganz durchliest, etwa Telefonbücher und Referenzhandbücher, sind so strukturiert; ihre Seiten sind von 1 bis x durchnumeriert.

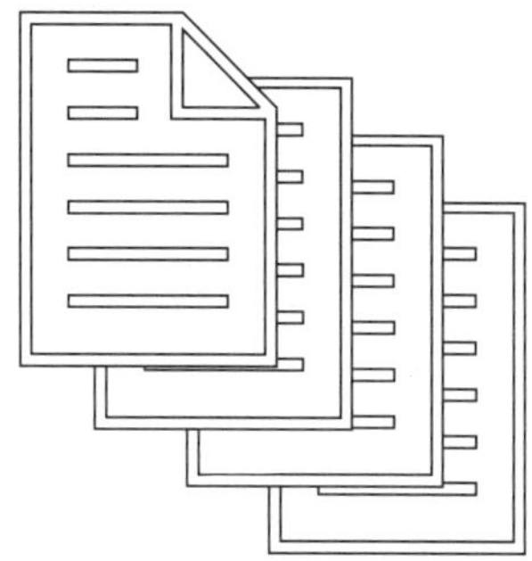

Eine völlig andere Struktur haben Hypertext-Dokumente. Sie bestehen aus einzelnen Topics oder Knoten, zwischen denen Verbindungen oder Links hergestellt werden können. Lesende laden sich einen Topic auf den Bildschirm und entscheiden, zu welchem Topic das System anschließend wechselt. In einem Multimedia-System sind Topics nicht nur Text und Bild, sondern auch Ton und Video.

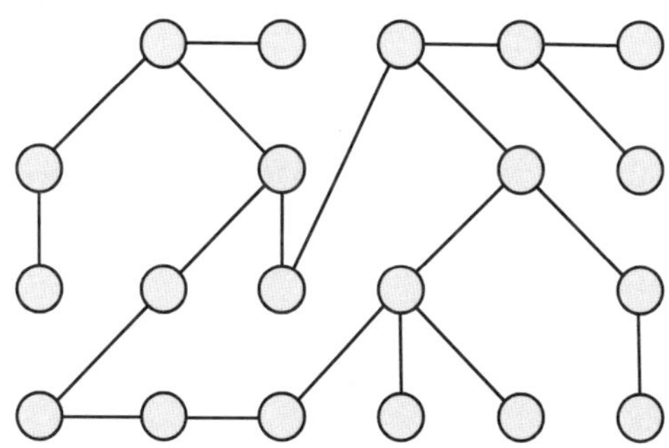

Total Quality Management (TQM)

Schlanke Prozesse, Einsparen von Ressourcen und ein Höchstmaß an Qualität zeichnen die japanische Industrie nach dem Zweiten Weltkrieg aus. Nach einer tiefen Krise in der amerikanischen Automobilproduktion hat man dort von den japanischen Erfahrungen gelernt und viele Anregungen übernommen.

Mit einiger Verzögerung müssen nun auch wir in Deutschland von den amerikanischen und japanischen Erfahrungen lernen: Das klassische „Made in Germany" reicht auf dem einheimischen Markt nicht mehr als Merkmal hoher Qualität und erst recht nicht auf internationalen Märkten. Total Quality Management ist eine der Managementstrategien, die auf diesem langen Weg von Japan über die USA nun auch zu uns gelangt ist, diskutiert und angewandt wird.

Eine Kurzfassung dieses Konzepts: „ ‚Total' bedeutet, daß die Einbeziehung aller an der Leistung beteiligten Interessengruppen (Mitarbeiter, Zulieferer, Abnehmer etc.) erforderlich ist. ‚Quality' bedeutet, daß eine konsequente Orientierung aller betrieblichen Aktivitäten an den Qualitätsforderungen erforderlich ist. Und ‚Management' bedeutet, daß Qualität als übergeordnetes Führungsprinzip im Betrieb verstanden wird (Unternehmenskultur). TQM ist damit eine auf der Mitwirkung aller ihrer Mitglieder beruhende Führungsmethode eines Betriebes, die Qualität in den Mittelpunkt stellt und durch Zufriedenheit der Kunden auf langfristigen Geschäftserfolg sowie auf Nutzen für interne und externe Mitglieder abzielt. Wichtig ist dabei die Ausrichtung auf den Kunden und sein Qualitätsurteil (...), nicht auf eine interne Qualitätssichtweise." (Pepels, Werner: Lexikon des Marketing. München: dtv, 1996, S. 881.)

9 Quellen und Literatur

Neben Titeln in diesem Verzeichnis finden Sie weitere Hinweise im Text. Diese Hinweise sind mit dem Buchzeichen in der Marginalienspalte gekennzeichnet.

Alle Internet-Adressen wurden letztmalig im September 1998 überprüft. Die dynamische Entwicklung des Internet kann dazu führen, daß sich Adressen ändern oder Dokumente aus dem Internet entfernt wurden und nicht mehr zur Verfügung stehen.

9.1 Quellen

Hartmann & Braun: Redaktionshandbuch. Frankfurt am Main, 1993.

MAN Roland Druckmaschinen AG: Gestaltungsrichtline. Offenbach, 1997.

Mannesmann: Erscheinungsbild Mannesmann - Gestaltungssystem. Düsseldorf, 1991.

Carl Schenck AG: Technische Dokumentation. Darmstadt, 1995.

Siemens Nixdorf Informationssysteme AG: Redaktionshandbuch. München, 1997.

Volkswagen AG: Redaktionsleitfaden der Technischen Information für die Erstellung von Reparaturleitfäden. Wolfsburg, 1997.

9.2 Gestaltungsrichtlinien im Internet

Berners Lee, Tim: Style Guide for Online Hypertext. http://w3.org/Provider/Style/All.htm

Lynch, Patrick; Horton, Sarah: Yale C/AIM Web Style Guide. Yale University, 1997. http://info.med.yale.edu/caim/manual/

Physikalisch-Technische Bundesanstalt (PTB): Richtlinien für die Softwaredokumentation. http://www.lab1033.berlin.ptb.de/8/83/831/swq/Inhalt.html

Im Internet werden weitere Richtlinien angeboten. Die meisten befassen sich mit der Gestaltung von Websites.

Siemens Nixdorf Informationssysteme AG, Bereich Anwendungssoftware: ComUnity – Leitfaden für ein erfolgreiches Erscheinungsbild im Software-Markt, 1996. http://asw.sni.de/services/pod/Style_Guide/de/

Technische Universität Berlin, PRZ: Berlin Style Guide. http://www.prz.tu-berlin.de/docs/styleguide/

9.3 Gestaltungsrichtlinien im Buchhandel

Microsoft Corporation: Die Windows-Oberfläche: Leitfaden zur Softwaregestaltung für Windows 95 und Windows NT. Unterschleißheim: Microsoft Press, 1995.

Microsoft Corporation: The Microsoft Manual of Style for Technical Publications. Redmond: Microsoft Press, 1995.

Sun Technical Publications: Readme First! A Style Guide for the Computer Industry. Mountain View: SunSoft Press, 1996.

9.4 Aufsätze über Gestaltungsrichtlinien

Allen, Paul R.: Save Money with a Corporate Style Guide. Technical Communication 2 (1995), S. 284 - 289.

Allen, Paul R.: User Attitudes Toward Corporate Style Guides: A Survey. Technical Communication 3 (1996), S. 237 - 243.

Bush, Don: Let the Authors have their words. Technical Communication 1 (1993), S. 126 - 128.

Curtis, James E.: Considering a Corporate Style Guide? Intercom October 1997, S. 22 - 25.

Le Vie, Donald S.: Developing a Document Style and Template Guide for a Large Company. Intercom January 1997, S. 20 - 23.

Le Vie, Donald S.: Graphic Considerations for a Corporate Style Guide. Intercom February 1998, S. 4 - 9.

Mackay, Peter D.: Establishing a Corporate Style Guide: A Bibliographic Essay. Technical Communication 3 (1997), S. 244 - 251.

Moore, Mary Ellen: Corporate Style Guides: Economical Quality Tools. Objectively Speaking 9 (1996). http://www.trcinc.com/publications/objectively/OS1.3/OSstyle.htm

Nichols, Michelle Corbin: Using Style Guidelines to Create Consistent Online Information. Technical Communication 3 (1994), S. 432 - 438.

Schwermer, Rolf: Redaktionsleitfäden - Ein unersetzliches Hilfsmittel in der Technikredaktion. doculine news April 1998. http://www.doculine.com/zeitsch/9804/schwermer.htm

Sullivan, Bill: How Do I Develop a Style Guide? Intercom October 1996, S. 24 - 25.

Washington, Durthy A.: Creating the Corporate Style Guide: Process and Product. Technical Communication 3 (1993), S. 505 - 510.

9.5 Weitere Literatur

Apitz, Rico; Guther, Andreas; Hoffmann, Gero: Wissenschaftliches Arbeiten im World Wide Web. HTML, Style-Guide, Sicherheit. Bonn [u.a.]: Addison-Wesley, 1996.

Wenig überzeugend. Ein Buch über elektronische Publikation ist meist schon veraltet, bevor die Druckfarbe getrocknet ist.

Blana, Hubert: Die Herstellung. Ein Handbuch für Gestaltung, Technik und Kalkulation von Buch, Zeitschrift und Zeitung. München: Saur, 1986.

Förster, Hans-Peter: Corporate Wording. Konzepte für eine unternehmerische Schreibkultur. Frankfurt am Main: Campus, 1994.

Die Bücher von Blana (Bibliothek) und Förster sind empfehlenswert.

Galbierz, Martin: International visualisieren. Benutzerinformation für eine weltweit heterogene Leserschaft. In: Technische Dokumentation optimieren. Raabe: Stuttgart 1994 ff., Beitrag D 6.4.

Heller, Eva: Wie Farben wirken: Farbpsychologie, Farbsymbolik, kreative Farbgestaltung. 38. - 41. Tsd., Reinbek: Rowohlt, 1997.

Empfehlenswert!

Herbst, Dieter: Corporate Identity. Berlin: Cornelsen, 1998.

Stellt den Zusammenhang zwischen Corporate Identity und Richtlinie her.

Horton, William K.: The Almost Universal Language: Graphics for International Documents. Technical Communication 4 (1993), S. 682 - 693.

der Klassiker

Müller-Brockmann, Josef: Rastersysteme für die visuelle Gestaltung: Ein Handbuch für Grafiker, Typografen und Ausstellungsgestalter. 3. üb. Aufl., Stuttgart: Hatje, 1988.

Technikdokumentation kurzgefaßt

Pichler, Wolfram W.: Qualitätsanleitungen. Der Leitfaden für Qualitätsfanatiker. 9. erw. u. verb. Aufl., Reutlingen: doculine, 1997.

Thaller, Georg Erwin: Software-Dokumente. Funktion, Planung, Erstellung. Hannover: Heise, 1995.

Willberg, Hans Peter; Forssman, Friedrich: Lesetypographie. Mainz: Schmidt, 1997.

10 Index

U

V

W

Z

Der Autor

Dr. Andreas Baumert ist Professor für Informationsbeschaffung und Textgestaltung an der Fachhochschule Hannover. An dieser Hochschule wurde in Deutschland der erste Studiengang für Technikredakteure eingerichtet.

Dr. Baumert war lange Jahre Leiter einer Technikredaktion in der Software-Industrie. Die Verbindung zwischen Software und redaktioneller Arbeit ist folgerichtig ein Schwerpunkt seiner Interessen. Sein Lehrgebiet, die Recherche und das Texten, ist in den Zeiten des Internet und der elektronischen Publikation eine spannende Herausforderung für die Industrie, für Forschung und Lehre.

Sie erfahren mehr über ihn und seine Arbeit, wenn Sie ihn im Internet besuchen: http://www.ik.fh-hannover.de/tr/menschen/baumert/baumert.htm

E-Mail: Andreas.Baumert@ik.fh-hannover.de